감정 연습을
시작합니다

발견의 첫걸음 2

감정 연습을 시작합니다
청소년 심리와 자기 돌봄

초판 1쇄 발행 • 2022년 10월 7일
초판 5쇄 발행 • 2023년 10월 19일

지은이 • 하지현
펴낸이 • 염종선
책임편집 • 김보은
조판 • 박지현
펴낸곳 • (주)창비
등록 • 1986년 8월 5일 제85호
주소 • 10881 경기도 파주시 회동길 184
전화 • 031-955-3333
팩스 • 영업 031-955-3399 편집 031-955-3400
홈페이지 • www.changbi.com
전자우편 • ya@changbi.com

ⓒ 하지현 2022
ISBN 978-89-364-5322-0 43300

감정 연습을 시작합니다

하지현 지음

**청소년 심리와
자기 돌봄**

창비

이상하지만, 정상입니다

"얼마 전부터 기분이 이상해요. 방문을 닫고 그냥 가만히 있고만 싶어요. 엄마는 내가 그러는 걸 질색하지만요. 이걸 꿀꿀한 기분이라고 해야 할까요? 사실 솔직히 말해 좋은 건지 나쁜 건지도 모르겠어요. 뭔가 분명하지가 않아요. 전에는 날씨로 말하면 화창한 날 아니면 눈이나 비가 오는 날, 둘 중 하나였는데 지금은 그 중간 어디인 거 같아요. 확실한 것이 하나도 없고요. 어느 리듬에 맞춰서 움직여야 할지도 모르겠어요. 힙합인지 발라드인지, 아니면 클래식인지. 뭐가 뭔지 모르겠고 이러다가 내가 돌아 버리는 것은 아닌지 걱정이 될 때도 있어요."

저는 이런 친구들을 많이 만납니다. 자신에게 무슨 큰일이 생긴 것 같다며 걱정스레 상담을 청해 오지요. 물론 간혹 정신건강의학과 의사인 저의 도움이 필요한 친구들도 있습니다. 그렇지만 결론부터 말하면 대부분 지극히 정상이고 평범한 일이에요. 십 대가 되면서 몸뿐만 아니라 뇌와 마음에도 변화가 생긴 것이죠. 그걸 사춘기 또는 청소년기가 시작된 것이라고 말합니다. 세상에서는 '중2병'에 걸렸다고도 하지요.

청소년은 어른과 어린이의 중간이에요. 몸은 어른이 된 듯 부쩍 크는 것 같지만 누구도 어른 대우를 해 주지 않습니다. 어떨 때에는 엄마 품에 폭 안기고 싶지만 또 어떤 날은 제발 나를 가만히 두고 건드리지 않았으면 좋겠어요. 마음이 갈팡질팡하기 일쑤인데 그게 어느 방향인지 모르겠어서 더 힘들고요. 다시 한번 말하지만 무슨 병에 걸려서가 아니에요. 그냥 사춘기가 온 것이고, 십 대의 변화가 시작된 것입니다.

그런데 제가 아무리 정상이라고, 겨드랑이에 털이 나고 얼굴에 여드름이 나는 것처럼 자연스러운 일이라고 이야기를 해도, 여러분이 처음 보는 옷을 입은 듯한 기분이 들고 불편한 것은 그대로일 겁니다. 입어서는 안 될 옷을 입어서가 아니라 낯설고 익숙하지 않아서 그러는 거죠. 초등학교를 졸업하고 중학교에 입학해서 처음 교복을 입을 때의 어색함을 떠올려 보세요. 처음부터 편안하고 기분 좋은 사람은 드뭅니다. 그럼에도 그 시기를 거치고 지나가야 하죠. 미안하지만 그건 피할 수가 없습니다.

만일 변화를 거부하고 그 자리에 머무르면 어떻게 될까요? 내 마음에서 솔솔 피어나는 다양한 감정의 변화를 무시하고 억누르면, 감정을 섬세하게 느끼지 못하고 표현하지 못하는 어른으로 자라기 쉬워요. 감정을 느끼는 데 서투르거나 감정을 들여다보는 게 무서워서 안 보려 하고 억누르기만 하지요. 한 번 화가 나거나 슬퍼지면 통제하지 못하고 성난 코뿔소처럼 폭주할 수 있습니다.

흑백에서 무지개로

폴 에크만이라는 학자에 따르면 인간의 보편적 감정은 기쁨, 슬픔, 분노, 공포, 역겨움, 경멸, 놀람으로 나눌 수 있대요. 이 기본적인 감정들은 얼굴로 바로 표현이 되는데, 같은 사진을 보여 주면 한국인이건 미국인이건 아프리카 사람이건 이게 어떤 감정인지 바로 알아차릴 수 있다고 해요.

그리고 십 대 이후에는 이 기본 감정들이 조금씩 변화하고 조합을 만들어서 수백 가지 다양한 감정들이 만들어집니다. 얼굴에 보일 정도로 분명한 감정 말고도 직접 느끼고 반응하는 감정들은 점점 많아지지요.

흑백으로만 보이던 세상이 어느 날부터 무지개색으로, 총천연색으로 보입니다. 좋다 싫다, 기쁘다 화난다, 좋아한다 미워한다 사이에 훨씬 많은 감정들이 자리를 잡습니다. 부끄럽다, 외롭다, 고독하다, 공감한다, 부럽다, 불행하다, 미안하다, 불안하다……. 방향도 여러 갈래로 뻗어 가고 길이와 넓이도 다양해지고요. 연필 하나로 그림을 그리다가 8색짜리 크레파스가 생기고 나중에는 32색짜리를 받아 든 것 같죠. 좀 지나면 크레파스뿐 아니라 수채화 물감도 쓸 줄 알게 돼서 색과 색을 잘 섞어서 쓸 수 있습니다.

느끼는 감정이 무엇인지 잘 알아차리고 그 감정을 말이나 표정으로 표현할 수 있어야 해요. 내게 느껴지는 감정뿐 아니라 이왕이면 친구나 가족의 말에서, 표정에서, 행동에서 그들의 감정을 알 수 있으면 더욱 좋지요. 그러기 위해서는 감정을 공부하고, 배운 것을 연습해 보고 직접 부딪혀 봐야 합니다. 감정도 근육과 같아서 여러 근육을 고루고루 쓸 줄 알아야 튼튼하고 건강해져요. 쓰던 근육만 쓰면 한쪽만 두꺼워지고 균형이 깨져 버리지요. 감정에 대해서 많이 알고 잘 표현할 수 있으며 감정의 작은 차이를 아는 사람은 섬세하고 다정다감한 사람으로 자라날 수 있으리라 믿습니다.

내 감정에 이름을 붙여 주자

이제부터 여러분이 십 대가 되어 만나는 여러 가지 감정들을 소개할 거예요. 여러분의 일상생활에서 매일 만났지만 이름을 몰라서 그냥 지나쳤던 감정들에게 적절한 이름을 붙여 주세요. 이 책은 부끄러운 것과 미안한 것, 실망과 서운함, 우울한 것과 불안한 것, 친구 사이의 우정과 그걸 넘어서는 사랑, 용감한 것과 겁이 없는 것 등 감정에 이름을 붙이고 마음 안에서 찾아보고 그려 볼 수 있도록 구성했습니다. 감정의 이름을 모를 때는 그냥 무심하게 지나갔지만 이름을 알고 난 다음부터는 전보다 잘 보이고 쓰기도 편해질 거예요.

매일 친구들과, 혹은 가족들과 마주쳤던 감정들을 사례로 보면서 "아, 그때의 내 감정이 바로 이거였구나." 하고 하나하나 감정과 이름을 짝을 지어 보기 바랍니다. 알아차리는 감정의 개수가 늘어날수록 여러분이 그릴 수 있는 감정의 그림은 다채롭고 실제에 가까워지겠죠. 마치 디지털 카메라의 화소 수가 늘어날수록 찍힌 사진이 진짜같이 보이듯이 말이에요. 자, 이제 감정 연습을 시작해 봅시다!

감정 퀴즈

잠깐! 본격적인 감정 연습에 앞서 몸을 좀 풀어 볼까요?
나는 감정에 대해 얼마나 잘 알고 있을까요?
다음 퀴즈를 한번 풀어 보세요.

미움, 부끄러움, 서운함 같은 감정은
나쁜 감정이다. (O / X) ·················· ● 95, 117쪽으로

친구들이랑 웃고 떠드는데
외로움을 느끼는 건 이상하다. (O / X) ·········· ● 109쪽으로

자존심이 상하는 건 별로 좋지 않다. (O / X) ·········· ● 25쪽으로

행복한 일보다 불행한 일이
더 많이 일어나는 것 같다. (O / X) ·············· ● 67쪽으로

소심한 것과 신중한 것은
완전히 다른 기질이다. (O / X) ················· ● 17쪽으로

오늘 내가 아무 이유 없이 기분이 울적한 건
'우울증' 때문이다. (O / X) ···················· ● 34쪽으로

비관적인 것보다 낙관적인 게
인류에게 더 유리했다. (O / X) ················· ● 61쪽으로

◇◇

공감 능력은 타고 나는 것이라
배운다고 나아지지 않는다. (O / X) ⋯⋯⋯⋯● 77쪽으로

부러움과 질투는 비슷한 감정이다. (O / X) ⋯⋯⋯● 125쪽으로

우정의 감정이 발전하면 사랑이 된다. (O / X) ⋯⋯● 87쪽으로

>>> **O가 3개 이하라면?**

감정에 대해 많이 이해하고 있네요!
이 책을 통해 세세하고 다양한 감정에 대해 좀 더 알아보세요.

>>> **O가 4~6개라면?**

감정에 대해서 조금 알고 있어요.
이 책을 읽으면 감정에 대해 좀 더 잘 알게 될 거예요!

>>> **O가 7개 이상이라면?**

감정에 대해 다소 오해하고 있어요. 괜찮습니다.
이 책을 읽으며 차근차근 감정 연습을 할 테니까요.

일러두기

창비 홈페이지(www.changbi.com) 또는 책씨앗 홈페이지(bookseed.kr)에서 독서 활동 자료를 다운로드할 수 있습니다.

1부

혼자
느끼는 감정

1. 나는 소심한 걸까, 신중한 걸까?

멀 그렇게 고르냐?

새로운 게 너무 많아서 고민되네. 아, 뭐 먹지.

마라 맵닭 요제... 치즈 뿌링?!

야, 한연수! 너 또 그거야?

당연하지. 집에선 무조건 진라면 순한 맛.

진순이 진리야.

맛있냐?

후루룩

음, 뭐랄까, 이전에 나왔던 N사 제품에 비해서는 매운맛이 강해. 그런데 비슷해. 전체적으로 아주 새롭지는 않지만 나쁘진 않네.

냠냠

너 한 입 먹을래?

노 땡큐입니다.

연수 쟤는 맨날 같은 걸 먹어도 질리지도 않나? 참, 신기해.

외향형과 내향형이 친구가 되면

도준이는 연수가 참 신기합니다. 서로 친할 뿐 아니라 같은 학원에 다녀서 일주일에 두세 번은 이렇게 같이 편의점에 오지만, 연수가 고르는 것은 항상 같습니다. 그 한결같음이 한 번 신기하고 지겹지 않음이 두 번 신기했죠. 딱 한 번 도준이가 돈까지 내 주며 연수에게 신상품 치즈불닭면을 먹어 보게 한 적이 있었는데, 연수는 매운 걸 잘 못 먹는지 캑캑거리고 절반도 못 먹었습니다. 그때 연수의 얼굴이 벌게진 걸 놀렸다가 일주일 동안 학원을 따로 다녔더랬죠. 그 후 도준이는 고작 라면 하나로 친구 사이가 깨질 필요는 없다고 생각하고, 연수에게 뭘 먹어 보라고 권하지 않았습니다.

그런데 도준이가 볼 때, 연수는 라면에만 저렇게 소심한 게 아닙니다. 연수는 옷도 비슷한 색, 회색이나 검은색을 주로 입지요. 지난 학기에 도준이가 회장 선거에 나가면서 연수에게 부회장으로 같이 나가 달라고 부탁한 적이 있었는데, 도준이는 연수의 얼굴이 그렇게 하얗게 질리는 건 처음 보았습니다. 결국 다른 친구와 메이트로 출마한 동준은 낙선을 했지만, 좋은 추억이었다고 생각하며 금방 잊어버렸습니다. 하지만 연수는 지금까지도 그때 도준이를 따라 선거에 나갔으면 얼마나 망신을 당했을지 모르겠다는 말을 반복해서 하곤 합니다. 그럴 때마다 도준이는 "선거에 나가서 떨어진 건 난데, 왜 네가 아직까지 그러냐?" 하며 어이없어 하곤 하지요.

두 사람이 친구인 게 조금은 신기할 정도로, 둘은 달라도 너무 다릅니다. 이런 차이는 어디에서 온 걸까요? 집안 분위기가 달라서 그럴까요? 그보다는 둘의 기질이 다르기 때문이겠지요. 감정의 밑바탕에는 '기질'이라는 것이 깔려 있습니다. 기질은 태어날 때부터 갖고 있는 감정 반응의 토양이에요. 아주 어린 아기 때부터 확연히 보입니다. 이유식을 먹을 때 입이 먼저 나오는 아기와 고개를 앞으로 숙이는 아기가 있는데, 고개를 앞으로 숙이는 아기는 숟가락에 든 게 자기가 먹어 본 적 있는 익숙한 음식인지를 눈과 코로 먼저 확인합니다. 그러고 나서야 비로소 입에 넣지요. 그럼 입이 먼저 나오는 아기는? 일단 입에 넣어 봅니다. 맛있으면 삼키고 맛없으면 뱉고.

놀이터에서 노는 모습만 봐도 기질이 보입니다. 연수 같은 기질을 가진 아이는 어렸을 때도 자기 장난감만 갖고 놀고 다른 아이에게 쉽게 다가가지 않았을 거예요. 도준이 같은 기질을 가진 아이는 친구가 가져온 장난감이나 놀이터의 기구에 흥미를 보이고요. 먼저 다가가서 놀자고 하거나 장난감을 건드리지요. 비슷한 기질끼리 놀이터에서 만나면 평화로워요. 서로 다른 기질의 아이가 같은 놀이터에 있다면? 대혼란이 일어나지 않을까요? 한쪽은 모르는 애가 내 물건을 건드려서 질겁하고, 다른 한쪽은 서로 재미있게 같이 놀자는데 왜 저렇게 구는지 이해를 못하고요.

기질의 차이는 십 대를 지나 성인이 되어서도 이어져요. 성격의 기본 토대가 됩니다. MBTI에서 맨 앞에 있는 I와 E가 이 두 기질을 말해 줍니다. 내향형 I가 연수, 외향형 E가 도준이죠. 이런 기질은 감정 반응을 자기 기질에 맞춰서 증폭하는 역할을 해요. 놀랄 만한 일이 있을 때 연수는 더 놀라고, 도준이는 덜 놀라요. 새로운 일에 연수는 엄청 긴장하고 최대한 피하고 싶어하고, 도준이는 별로 긴장하지 않고 쉽게 다가가고요.

환경이 급변하면 누가 유리할까?

사람이 이렇게 내향형과 외향형으로 나뉘는 이유는 무엇일까요? 이에 대해서 인류의 생존을 위해서라고 설명하기도 합니다. 환경이 갑자기 바뀌었을 때 어느 한쪽이 잘 적응할 수 있다면 다른 한쪽은 손해를 보더라도 인류 전체로 보면 살아남을 수 있기 때문이죠. 그런 면에서 두 기질은 서로 주거니 받거니 합니다.

연수와 같은 기질을 내성적, 혹은 위험 회피형이라고 부릅니다. 한 마디로 안전 지향적이지요. 위험을 빨리 감지하고 최대한 피하는 걸 우선으로 하고, 재미없고 지루하더라도 안전하고 익숙한 것을 고릅니다. 연수가 항상 안전한 육개장 사발면을 고르는 이유죠. 위험 회피형 인간은 안 좋은 일을 한 번 경험하면 아주 오래 잊지 않습니다. 다시 비슷한 상황을 만나면 같은 일을 두 번 당해서는 안 된다고 몸이 먼저 반응을 해요. 한편 결정을 하기 전에 최대한 많이 고민하고, 최선의 선택을 하고 난 다음에야 비로소 행동으로 옮깁니다. 실수하거나 실패하는 게 싫기 때문이죠.

이에 반해 도준이의 기질은 외향적, 혹은 새로움 추구형이라고 합니다. 이들은 한 마디로 탐색형이죠. 새로운 것에 대한 호기심이 많고, 지루한 것을 못 견디고, 생각을 많이 하기보다 일단 움직이고 봅니다. 실패를 덜 두려워하고, 말로 들어서 익히기보다 직접 경험해 봐야 공부가 되는 스타일이죠. 외부에서 자극이 오거나 새로운 게 보이면 바로 반응합니다. 이렇기에 아무래도 실패할 일이 많죠. 그렇지만 덜 아파합니다. 그럴 수 있는 일이라 여기고 툴툴 털고, 금방 잊어버리고, 또 새로운 것에 관심을 갖습니다. 어찌 보면 반성이나 후회가 없는 타입이죠.

어떤 학자는 앞의 기질을 농경형, 뒤를 수렵형이라고 부릅니다. 농사를 지을 때에는 꼼꼼히 계획해서 일을 해 나가고 협력을 위해서 충분히 생각한 후에 대화를 하는 게 좋습니다. 반면 토끼를 잡으러 나가서는 일단 토끼가 부스럭 하고 수풀에서 튀어나오면 창을 던지고 보는 게 맞죠. 열 번에 한 번이라도 토끼를 맞히면 성공이니까요. 이런 두 가지 성향의 기질이 서로 조화를 이루면서 살아가는 게 사회입니다. 각자에게는 각각의 장점과 단점이 있죠. 두 기질은 비정상이 아닙니다. 우리의 마음 안에 존재하는 타고난 판단과 감정의 밑바탕입니다.

동전을 뒤집어 보면

그런데 이 기질이라는 것은 동전의 앞뒷면 같습니다. 연수는 좋게 보면 신중하고 민감하고 참을성이 강한 아이지만, 안 좋게 보면 소심하고 예민하고 뒤끝이 있고 타이밍을 놓치기 일쑤입니다. 동전의 앞면은 신중함인데 동전의 뒷면은 소심함인 것이죠. 반면 동준이는 좋게 보면 리더십이 있고 소신파이고 얼리 어댑터이면서 행동파지만, 나쁘게 보면 오지랖이 넓고 민폐 캐릭터인데다가 부산스럽고 말만 많고 실속 없는 타입으로 보이기 쉽습니다.

특히 십 대에는 기질의 좋은 면보다는 안 좋은 면이 더 두드러지게 나타납니다. 십 대에는 감정을 적절히 상황에 맞춰서 조절하는 능력이 아직 발달하지 않아서, 감정이 타고난 기질에 맞춰서 불쑥불쑥 더욱 강한 형태로 표현되기 때문입니다. 하지만 사람에게는 타고난 특징적 기질이 있다는 걸 이해하면 소심함이 신중함과 실은 같다는 것, 호기심 많은 것과 충동적인 것은 보기에 따라 같을 수 있다는 걸 알 수 있지요. 서로의 기질에 대한 이해가 나와 다른 친구의 감정을 이해하는 중요한 첫 단추가 됩니다.

2. 자존심도 없냐고?

요즘 수현이 때문에 속상해.
친구들 여섯 명이 늘 함께 다니는데

걔가 나만 무시하는 것 같아.

우리 새로 생긴 떡볶이 가게 가 볼래?

내가 얘기하면 말 자르고

다른 얘기하고

우리 햄버거 먹으러 가자!

그래!

오 좋아 좋아!

의도적으로 나한테만 그러는 느낌?

그때 거기
맛있겠다.

맞지?

응응!

꺄~

수현이는 나보다 예쁘고 공부도 잘하고

선생님들도 다 수현이만 좋아한단 말이야.

야, 이여민! 넌 자존심도 없어? 걔네랑 놀지 마!

흠, 우리 딸이 자존감이 낮은 것 같은데.

자존심?

자존감?

한 뿌리에서 나온 두 감정

자존심과 자존감, 참 헷갈리는 말입니다. 앞의 두 글자는 같은데 자존감은 왠지 좋은 단어인 것 같고, 자존심은 어딘지 모르게 부정적인 느낌이 강하죠. "쟤는 자존심만 강해." "자존심만 세운다고 뭐가 달라진다고." 자존심은 이런 말에 주로 쓰이고요. 그에 반해서 자존감은 '우리의 마음을 잘 지키는 것은 건강한 자존감을 키우는 것에 달려 있다.'라는 등의 좋은 이야기에 많이 사용됩니다.

그런데 자존심에 비해서 자존감이 어떻게 더 좋은 것인지 알쏭달쏭합니다. 둘의 구분이 어려우니 자존감을 키우는 게 어떤 것인지도 잘 모르겠고요. 자존감과 자존심, 이 두 감정은 모두 '내가 경험하는 마음 상태'를 평가한다는 면에서 뿌리가 같습니다. 같은 뿌리에서 나와서 다른 방향으로 자란 것입니다. 그러니 헷갈릴 수밖에 없습니다. 하지만 그 둘을 구별해서 잘 사용하는 것은 나중에 꽤 다른 결과를 가져옵니다.

자존심과 자존감은 서로 맞물려 있지만 다른 감정으로 구별할 수 있어야 합니다. 두 가지 모두 '지금의 나를 평가'한다는 점에서는 동일하지만 나를 평가하는 '방법'이 다르거든요. 자존심은 남과 비교해 나의 현재를 평가하는 방식이에요. 내 옆의 친구와 비교해서 내가 그 친구보다 잘하면 우월감을 느끼고, 그 친구보다 못하면 열등감을 느끼잖아요. 열등감을 느끼면 기분이 나쁩니다. 여민이가 수현이와 자신을 비교해 보면서 자신이 여러모로 부족하다는 걸 몸소 느끼고 경험하는 감정이 바로 열등감이고, 이렇게 열등감을 느끼는 상황이 자존심이 상하는 순간이죠.

이에 반해서 자존감은 남이 아닌 바로 나 자신이 비교의 대상입니다. 내가 능력 있고 중요하며 성공적이고 가치가 있다고 믿는 정도죠. 내가 얼마나 가치 있는 존재인지 나 자신이 내게 내리는 평가입니다. 일종의 주관식 답 같은 것이고 출제자와 평가자가 같은 셈이죠. 물론 여기서도 비교가 필요한데 이때는 남이 아니라 나의 과거와 비교합니다. 내가 이전에 어느 정도였는지 확인한 후에 그보다 잘하면 자존감이 올라가고 그보다 못하면 자존감이 내려가는 경험을 하죠. 자존심에 비해서 자가발전이 가능한 감정이기에 사람들이 자존감을 더 상위의 감정이라고 이야기하고는 합니다.

과거의 나와 경쟁하는 힘

실제로도 자존감은 자존심에 비해서 더 나은 면이 있습니다. 시험 성적으로 예를 들어 볼게요. 지금 내 성적은 50점인데 내 친구는 80점이라고 쳐요. 둘을 비교해 보니 내가 훨씬 못했네요. 그래서 자존심이 상했습니다. 한 달 후, 다음 시험에 열심히 노력해서 점수를 70점으로 올렸습니다. 그런데 친구는 이번에는 85점으로 올랐네요. 내 성적이 20점이나 올랐지만 여전히 친구보다는 시험을 못 보았어요.

자, 이때 자존심의 영역으로만 보면 여전히 친구보다 시험 성적이 좋지 못하니 자존심을 세우기 어렵습니다. 열등감을 경험하죠. 그런데 이 상황을 자존감의 관점으로 바라보면 어떻게 될까요?

이전 성적이 50점이었는데 한 달 사이에 무려 20점이나 성적이 올랐습니다. 같은 상황이지만 자존감이라는 감정의 측면에서는 무척 긍정적이고 내가 나를 칭찬할 만한 일이 아닐 수 없죠. 남과 비교할 필요 없이 내가 나의 향상을 축하해 주면 그만입니다. 그게 자존감의 가장 중요한 힘이죠. 그러니 "열심히 해 봤자 소용없어. 친구는 더 성적이 올랐는걸. 나는 만년 친구 밑에 있을 거야."라면서 열등감 폭발(열폭)을 하는 것이 자존심이 작동한 것이라면, "와, 20점이 올랐네, 나님 칭찬해. 다음에는 10점을 더 올려 볼까? 이대로 쭉 해 보자고!"라는 다독임을 할 수 있는 것이 나의 자존감을 보호하면서 성장시키는 길입니다.

자존감이 튼튼한 사람은 남과 비교하기보다 자신이 가진 강점과 재능에 집중합니다. 남에게 자신을 증명하려 애쓰지 않고, 남과 비교하느라 시선을 분산시키지 않습니다. 또 나를 중심으로 더 노력하며 변화의 기준점을 재조정합니다. '이번에는 70점이었으니까, 다음에는 80점이 되도록 노력해야지.'라고 여기고 그 10점을 위해 노력하며, 비록 100점이 아니라 해도 10점의 성취를 기뻐하지요. 이에 반해 자존심이 강한 사람은 자신의 약점과 결점에 집중하고, 부족한 부분을 늘 염두에 두고 그걸 들키지 않으려고 애씁니다. 이 경우에는 '이번에 겨우 70점이라니, 100점을 받지 못한 내가 수치스럽다. 남들이 알면 어떡하지? 나를 얼마나 우습게 여길까?'라고 생각하지요. 친구가 받은 85점을 넘지 못하면 20점이 올랐음에도 불구하고 의미가 없다고 여겨 버리는 것입니다. 이러니 자존심만 높이려는 사람은 즐겁기 어렵고 실은 자존감도 무척 낮습니다. 매번 남과 비교하느라 자신에게 실망만 하기 일쑤죠.

그렇기에 자존심에만 목매달아서는 안 됩니다. 자존심을 세울수록 자존감은 내려갑니다. 외부와의 비교에 목매달고, 칭찬에 굶주리고, 나와 비슷한 타인을 깎아 내리고 무시하는 태도는 바꿔야 합니다. 그런 태도로 자존감이 방어된다고 착각해서는 안 돼요. 자존심을 세우려고 할수록 도리어 자존감은 보이지 않게 서서히 무너져 내려 바닥을 치고 결국 남는 것은 열등감뿐이기 쉽습니다.

나를 알려면 남이 필요하다

그렇지만 자존감은 하늘에서 뚝 떨어지지 않습니다. 자존감을 위해서는 먼저 자존심이 작동해야 합니다. 내가 지금 어느 수준인지 알아야 나의 다음 성장을 평가할 수 있기 때문이죠. 혼자서 내가 몇 점 정도인지 아는 것은 무척 어렵습니다. 그러니 처음에는 남과 비교해 보는 단계가 꼭 필요합니다. "너 자신을 알라."라는 말이 여기서 나옵니다.

친구보다 내가 빠른지 느린지, 높은지 낮은지를 비교해 봐야 지금 나의 현재 모습을 잘 알 수 있습니다. 그런 면에서 자존심이 상하고 열등감을 느끼는 순간은 피하고 싶지만 피할 수 없는, 또 한편으로 피해서는 안 되는 꼭 필요한 단계입니다. 이 상황을 거치고 나야 비로소 나의 객관적인 수준을 알게 되고 어느 정도의 목표를 가지고 노력할지 감을 잡을 수 있죠. 그런 의미에서 저는 자존심이 조금 상해 본 사람만이 건강하게 자존감을 성장시킬 수 있다고 말해 주고는 합니다.

적당히 내 수준을 알고 나면 비로소 자존감이란 게 꼭 높을 필요가 없다는 것을 알게 됩니다. 실은 필요 이상으로 높은 자존감도 썩 좋은 건 아니에요. 자존감만 괜히 높으면 자신을 완벽한 존재라 여기고 다른 친구를 깔보기 쉽거든요. 적절한 수준의 자존감은 나를 보호해 주는 게 분명하니 평균 이상 정도로 유지하면 적당합니다. 전문가들은 높은 자존감보다는 안정적으로 흔들리지 않는 단단한 자존감을 유지하는 걸 목표로 삼기를 권합니다.

자, 다시 여민이의 마음으로 돌아와 볼까요. 여민이는 지금 친구들 그룹에서 자존심이 상할 만한 상황을 만났습니다. 이건 어쩔 수 없어요. 수현이가 아무래도 친구들 사이에서 리더인 것은 분명하고, 좀 분하지만 여민이는 수현이보다 아직은 여러모로 역량이 부족합니다. 하지만 너무 속상해하지 않았으면 좋겠어요. 자존심이 적당해 상해 봐야 여민이 마음에 분발하고 노력하려는 동기가 생기고 자극이 될 수 있습니다. 뭘 더 열심히 노력할지 감도 잡히고요. 그런 면에서 저는 여민이가 이번에 자존심 상해 본 것이 기쁘기도 합니다. 한 번도 그런 경험을 못 해 본 친구보다 여민이 같은 친구가 나중에 자존감도 튼튼하고, 한두 번 기분 나쁜 일에 쉽게 무너지지 않는 건강한 사람으로 자라는 걸 많이 보아 왔기 때문입니다.

이유 있는 슬픔, 이유 없는 우울

지금 태리가 느끼는 감정은 무엇일까요? 본인이 우울하다고 했으니 정말 우울한 것일까요? 안 좋은 일이 있거나 부정적인 감정을 느낄 때 우리는 흔히 '마음이 아프다' '기분이 좋지 않다' '슬프다' 혹은 '우울하다'라고 표현합니다. 슬프고 우울한 감정을 우리는 흔히 구분하지 않고 함께 쓰곤 합니다. 하지만 통증과 같이 불편한 감정을 느끼는 것은 마찬가지이지만 슬픔과 우울은 구별해야 할 감정입니다.

'슬프다'는 "원통한 일을 겪거나 불쌍한 일을 보고 마음이 아프고 괴롭다."라고 사전에 적혀 있어요. 슬픈 감정은 어떤 일을 보거나 겪고 나서 생기는 반응인 것이지요. 이와 달리 '우울하다'는 "근심스럽거나 답답하여 활기가 없다."입니다. 즉 우울에는 그 감정을 느낄 이유가 딱히 없습니다. 우울함은 몸과 마음의 에너지가 떨어져서 활기를 잘 느끼지 못하기에 어떤 결정도 내리기 어렵거나, 뭔가 새로운 행동이나 활동을 할 의욕이 생기지 않는 상황이죠.

슬픔과 우울함을 비교해 보자면, 슬픈 감정은 "친구가 먼 곳으로 이사를 가서 슬프다."와 같이 어떤 원치 않은 일을 닥

쳤을 때 느끼는 괴로움을 표현하는 것입니다. 반면, 우울한 감정은 "친구가 노래방에 놀러 가자고 하지만 그냥 집에 가서 혼자 있고 싶다."는 마음의 상태일 때에 어울립니다. 물론 선후 관계를 보자면 친구가 멀리 이사를 가서 많이 슬펐고, 밤새 눈물을 흘렸고, 이제 같이 놀 친구가 없다고 생각하니 외롭고 쓸쓸했겠죠. 이런 마음이 지속되다 보니 다른 친구가 노래방에 가자고 해도 심드렁하고 그냥 혼자 있고만 싶고 빨리 집에 가서 누워 있고만 싶어질 수 있습니다. 이렇게 두 감정이 같이 움직일 때가 많다 보니 앞에서도 태리와 정민이는 우울과 슬픔을 번갈아 썼던 것이죠.

하지만 정확히 설명해 보면 태리는 어릴 때부터 같이 지낸 두부가 나이 들어 죽은 사건을 경험했고 그 사건에 대한 반응으로 마음이 아픈 것입니다. 그러니 지금 태리가 느끼는 감정은 '슬픔'이죠. 우울과는 결이 다른 감정입니다. 그런데 만일 그날 오후에 정민이가 태리의 마음을 풀어 주기 위해 같이 코인 노래방에 가자고 했을 때 태리가 그냥 집에 가서 쉬고 싶다고 하면서 고개를 푹 숙이고 터덜터덜 걸어가 버린다면 태리의 감정은 우울함이라고 보는 것이 맞습니다.

나를 지키는 부정적인 감정

그런데 마음 안에 왜 이런 감정이 존재하는 것일까요? 마음 안에는 좋은 감정만 있고, 우울이나 슬픔 같은 감정은 없었으면 좋겠습니다. 그렇지만 감정은 좋은 것도 나쁜 것도 모두 팔레트 위의 물감처럼 존재하고 각각 그 감정의 역할이 있어요. 필요 없는 감정이란 없습니다.

슬픔은 왜 필요할까요? 슬픔은 그걸 느끼게 한 대상에 대한 내 마음이 얼마나 컸는지, 내가 그 대상을 얼마나 아꼈는지를 깨닫게 합니다. 아주 가까운 존재일수록 더 큰 슬픔을 느끼죠. 태리에게는 뉴스에서 전직 대통령이 돌아가셨다는 소식을 듣는 것보다 두부가 죽은 것이 훨씬 더 슬픈 일일 테지요. 슬픈 감정은 그것을 표현하고 사람들과 그 감정을 나누면서 조금이나 덜 수 있습니다. 혼자만 슬퍼하는 게 아니라, 나만 약해서 그런 게 아니라, 모두가 비슷한 경험을 조금씩은 해 보았고 그렇기에 그의 아픔을 공감할 수 있습니다. 마치 자신의 일이라도 되는 것처럼, 그 슬픔을 받아 주고 이해해 주고 위로해 주면서 슬픔의 고통은 조금씩 줄어들 수 있습니다. 그래서 슬픔은 혼자서만 삭이고 감추려 하기보다 표현하고 나누는 것이 좋습니다.

 그렇다면 우울한 감정은 왜 필요할까요? 앞에서 우울한 것은 활력이 떨어지고 에너지가 낮은 상태에 느끼는 감정이라고 했습니다. 우리는 언제나 기운이 뿜뿜 나는 상태로 지낼 수 없습니다. 활력이 넘칠 때에는 새로운 곳에 가 보고 싶고, 처음 맞이한 것도 해 보고 싶은 의욕이 생기죠. 그에 반해서 활력이 떨어지면 가만히 있고 싶고, 해야만 하는 일만 딱 하고 더는 하고 싶어지지 않습니다. 감정은 이렇게 우리의 판단과 행동을 지정해 주는 방향키의 역할을 합니다. 주변 환경이 좋지 않거나, 안 좋은 일이 있거나, 몸과 마음이 많이 지치고 힘든 상태라면 내 감정에서는 우울이라는 버튼이 켜집니다. 그때부터는 가급적 움직이지 않고 일을 벌이지 않고 새로운 것에 대한 관심도 줄어듭니다. 덕분에 에너지의 소비가 줄어들고 힘을 덜 들이는 상태로 나를 지켜 낼 수 있죠. 노트북 컴퓨터로 치면 사용하지 않을 때 대기 모드로 바꿔서 전력 소모량을 적게 해 주는 것과 같습니다. 이게 우리 마음에서 우울한 감정이 하는 역할입니다. 그러니 이 역시 없어서는 안 되겠죠.

우울하다고 우울증인 건 아니야

그러면 정신 질환의 하나인 우울증은 어떨까요? 태리는 우울증에 걸린 것일까요? 아닙니다. 일시적으로 슬프거나 우울한 것은 지금까지 보았듯이 정상적인 두 개의 감정입니다. 우울증은 이 두 감정과 많이 다릅니다. 생리적 변화가 함께 오죠. 주변에 힘든 상황이 있는 것도 아니고 활력이 떨어질 시기도 아닌데도 흥미를 잃고, 심한 슬픔을 경험한 것이 아닌데도 이유 없이 슬픈 감정이 마음 안에 가득합니다.

더 나아가 잠을 자고 음식을 먹는 것과 같이 기본적으로 몸과 마음에 에너지를 보충하고 충전하는 시스템이 고장 납니다. 잠을 충분히 자지 못하고 식욕이 뚝 떨어져서 살이 많이 빠지기도 하고요. 이런 생리적 변화까지 겹쳐지니 어떤 일에 집중을 하지 못하고, 우울한 감정이 비합리적으로 작동해서 모든 일을 내 잘못이라고 여깁니다. 선글라스를 끼고 건물 안에 들어가면 모든 것이 어둡게 보이듯이 우울증일 때는 비관적으로 세상을 바라보며 이런 세상이 영원히 이어질 것이라는 생각의 틀이 굳어져 버립니다. 이런 상황이 2주 이상 지속되어 일상생활을 하는 데 분명한 문제가 생기면 그때 정신건강의학과에서는 '우울증'이라고 진단을 합니다. 그리고 적극적인 치료가 이루어집니다.

이렇게 우울증에 대해서 길게 설명을 하는 이유는, 우울한 감정을 잠시 느끼고 있다고 해서, 또 슬픈 일에 슬퍼한다고 해서 우울증에 걸린 것은 아니기 때문입니다. 우울증은 누구나 걸릴 수 있고 치료가 되는 마음의 감기라고 하지만, 그렇다고 일상에서 경험하는 슬플 만한 일로 인해 모두가 우울증 환자가 되는 것은 아닙니다. 재채기 한 번 한다고 폐렴에 걸리는 것은 아니듯이 말이죠.

그러니 우울하다고 해서 우울증에 걸렸다고 무서워하지 말고, 슬퍼할 만한 일에는 충분히 슬퍼하고, 잠시 우울한 마음이 느껴지면 내가 지쳐서 쉬어야 할 때인가 보다 하고 생각해 보면 어떨까요?

4. 이건 불안한 거야, 무서운 거야?

이번 시험 성적이 생각보다 좋지 않다.

아 망했다..

아, 어떻게 말하지.
속도 쓰린 것 같아. 불안하다.

다녀왔습니다.

영민아,
잘 갔다 왔니?
배고프지?

빵이 들어갈 리가요,
어머니.

먹고 학원 가라.
재연이 엄마랑
차 한 잔 하고 올게.

내가 너 이럴 줄 알았어.
만날 게임만 하더니!

저녁에 아빠 오시면 보나마나 혼나겠지?
아빠, 화내시면 엄청 무서운데…….
회식하고 늦게 들어오셨으면.

위험에 대처하는 방법

중간고사가 끝나고 시험 성적표가 나온 영민이의 마음을 잠시 들여다보았습니다. 영민이의 마음은 이렇게 복잡합니다. 한편으로 불안하고 다른 한편으로는 무섭기도 하죠. 우리는 '무섭다'와 '불안하다'는 감정을 번갈아 사용합니다. 그런데 이 둘은 약간 다른 감정이에요. 지금 영민이의 마음은 어떤 상태일까요?

불안은 말 그대로 내가 안전하지 않다고 느끼는 것입니다. 불안(不安)의 한자를 보아도 알 수 있죠. 내 몸에는 자율적으로 작동하는 시스템이 있어요. 불안할 때마다 매번 뇌에서 "분당 심박수를 10회 더 올려라."라고 명령하는 것은 매우 성가신 일이기 때문에 자동적으로 다 같이 움직이도록 세팅이 되어 있습니다. 자율적으로 상황에 맞춰 단번에 반응해서 움직이는 것입니다. 이렇게 말이죠. 내 앞에 사나운 개가 달려들 것 같은 상황입니다. 그러면 심장의 박동을 10~20회 빨리 뛰게 하고 근육에 힘을 줍니다. 그래야 빨리 도망가거나 소리를 치니까요. 동시에 소리를 잘 듣게 청각이 예민해지고, 음식을 소화시키는 기능은 자동적으로 꺼져서 위장이 멈추고

침은 바짝 마릅니다. 여기에 들어가던 에너지가 모두 근육과 심장으로 옮겨 가는 것이죠. 불안할 때 몸의 이런 반응은 자동적이고 즉각적으로 이루어집니다.

그런데 이 불안은 어떤 특정한 대상이 없고 다만 "앞으로 어떤 일이 일어날지 모른다."는 느낌일 뿐입니다. 시간 순서로 보자면 과거보다는 앞으로 일어날 일에 대해서 미리 내 몸이 반응을 하는 것이죠. 비가 올지 모르니 우산을 준비하는 것, 수행 평가 발표를 앞두고 미리 한 번 연습을 하는 것, 체험 학습을 가기 전날에 준비물을 챙기고 아침에 일찍 일어나는 것도 적당히 불안이 작동한 덕분에 가능한 것입니다.

이에 반해서 '무섭다'는 공포(恐怖)입니다. "나는 뱀이 무섭다." "나는 피가 나는 게 무섭다."와 같이 내가 무서워하는 것의 대상이 분명합니다. 그냥 불안한 게 아니라, 무섭다 앞에 '○○에 대해서 무섭다'라고 말을 할 대상이 있다는 것이 공포가 불안과 제일 다른 점입니다. 공포 역시 앞으로 그 무서워할 대상을 만나는 것이 싫고 거기에 대응하기 위해 내 몸의 자율 신경계를 동원해야 하는 상황이 생긴다는 점에서는 불안과 같지만, 공포는 막연하지 않기 때문에 무조건 긴장을 하게 되지는 않습니다.

그냥 불안이 많은 사람은 어디를 가든 긴장을 하고 속이 쓰리고 가슴이 두근거립니다. 그렇지만 무서운 것이 분명한 사람은 보통 때는 아무 문제 없이 잘 지내지만 특정한 어려운 대상이나 상황을 만나면 그때 강한 긴장을 하죠. 친구들 앞에서 발표하는 것이 두려운 사람이라고 해 볼까요. 보통 때에는 편안하게 지내지만 모둠에서 수행 평가 발표자로 뽑히게 되면 발표 전날 밤부터 가슴이 콩닥콩닥 뛰어서 잠도 오지 않습니다. 갑자기 열이 나서 독감으로 학교를 못 가는 일이 벌어지라고 기도를 하기도 하죠. 다음 날 학교에 가서 다른 친구들의 발표를 보면서 입이 바짝 마르고 속이 쓰리기도 합니다. 그렇지만 어떻게든 발표를 마치고 나면 긴장이 탁 풀어져요. 친구들이 수업이 끝난 후 "잘했어."라고 칭찬을 해 주면 더욱 기분이 나아지기도 합니다. 이것이 공포예요.

불안과 공포를 다스리기

이렇게 불안과 공포는 같아 보이나 다른 감정입니다. 자, 아까 영민이의 마음으로 다시 들어가 보죠. 시험을 잘 보지 못한 영민이는 지금 무슨 일이 일어날까 봐 불안합니다. 그렇지만 아직은 어떤 일이 일어날지 모르죠. 마치 혼자서 정글에 들어가는 마음으로 집에 간 것입니다. 그러니 가슴이 뛰고 속이 쓰리고 맛있는 간식도 먹고 싶지 않아요. 그런데 엄마가 성적표에 대해 물어보지 않고 그냥 나가서 긴장이 확 풀어졌어요.

자, 이제 저녁에 아빠와 엄마에게 말을 하기는 해야 합니다. 이때는 영민이는 아빠에게 혼이 나는 것이 무서워요. 아빠가 한 번 화가 나면 정신이 번쩍 들게 혼이 나기 때문이죠. 영민이는 지금 '혼이 난다'는 상황에 대한 공포가 있고, 그걸 어떻게 하면 잘 피할 수 있을까 고민을 합니다. 그래서 아빠가 회식을 하고 늦게 들어오시기를 바랐던 것입니다.

그러면 이 불안과 공포는 어떻게 다스릴 수 있을까요? 먼저 지금 내 앞에 놓여 있는 것이 그렇게 위험한 상황만은 아니라는 것으로 정확히 보려고 노력해야 해요. 대부분 불안과 공포는 상황을 응급이거나 위험하다고 보기 때문에 생깁니다. 혹은 정확히 파악은 했지만 과도하게 반응하면서 느끼게 됩니다. 그러니, 아예 그런 일은 없을 것이라고 부정하는 것은 좋지 않지만, 상황을 객관적으로 평가하고, 알맞은 수준으로 반응하려고 노력해야 불안과 공포를 적당한 수준의 긴장과 기민한 대응으로 변환시킬 수 있습니다.

현재 내 상태가 100인데 다가올 상황을 정확히 평가하고 내 준비 상태를 150으로 상승시키는 것은 적당한 긴장과 대응입니다. 그에 반해서 150 정도의 상황을 300짜리 아주 위급한 상황으로 잘못 파악하거나, 150으로 정확히 보았지만 급한 마음에 300만큼 과하게 반응을 하는 것, 바로 이게 불안과 공포 반응입니다. 그러니 현 상황에 일 초라도 빨리 대응하는 게 좋은 게 아니라, 잠깐 멈춰서 무슨 상황인지 잘 보고, 판단하고 난 다음에 적절하게 대응하려는 마음가짐이 필요합니다.

5. 짜증 나, 건드리지 마!

목이 칼칼하네.

아, 오늘 뭔가 느낌이 안 좋아.

엄마, 나 오늘 학교 안 가면 안 돼?

열 없네. 이 정도로 결석하면 안 되지. 빨리 학교 가!

으하하 진짜~

낄낄

캬캬

아오, 시끄러워.

툭!

아...

참으면 병 된다

아침부터 컨디션이 좋지 않았는데, 학교에서 친구가 실수로 친 일에 평소보다 거칠게 대응하고 말았습니다. 지금 준기가 느끼는 감정은 무엇일까요? 분노, 억울, 짜증? 비슷한 듯 다른 이 세 개의 감정에 대해서 생각해 봅시다.

일단 먼저 화를 내는 것이 꼭 나쁜 것만은 아니라는 걸 말하고 싶어요. 분노는 나를 지켜 주는 기능이 있습니다. 지금 내가 화가 나 있다는 것을 적극적으로 알려서 나를 공격하지 못하게 하고, 내 주변을 지킬 수 있거든요. 어미 개가 강아지를 지키기 위해 으르렁하고 이를 드러내고 짖는 것을 떠올려 보세요. 그 덕분에 사람들은 강아지를 만지지 않고 지나가고 어미 개는 강아지들을 지킬 수 있습니다.

이와 같이 화를 내는 것은 내 안의 에너지를 한 번에 분출시키는 것인데, 준기가 툭 치고 지나간 친구를 향해 화를 표현한 것과 같이 분노의 대상과 목표가 분명한 것이 특징입니다. 분노의 감정이 들면 그 대상을 향해 가깝게 다가가게 하고, 원하는 목적을 이루기 위해 에너지를 한껏 분출하도록 하지요. 그래서 화를 한 번 내고 나면 기운이 푹 꺼지는 느낌이 드는 것입니다.

그래서 필요할 때 화를 내는 것은 꾹꾹 참기만 하는 것보다 나아요. 여러 연구를 보면 목적이 있는 분노는 스트레스를 줄여 준다고 합니다. 너무 오래 화를 참고 누르기만 하면 마음의 병이 생기기도 하죠. 할머니들이 "화병이 났어."라고 하는 것은 화를 많이 내서 병에 걸린 게 아니라 너무 오랫동안 화를 참고 표현하지 못해 우울해지고, 눈물이 쉽게 나고, 몸이 아픈 증상이 생긴 것입니다. 그걸 화병이라고 해요.

그렇지만 그 분노는 적절한 곳에, 맞는 대상을 향해, 화가 난 만큼 적당량을 분출해야 합니다. 그런데 그 적당이 참으로 어렵지요. 그래서 미국의 문학가 마크 트웨인은 "분노는 염산과 같다. 산을 뿌리는 대상보다 산을 담고 있는 그릇에 더 큰 해를 끼칠 수 있다."라고 했습니다. 분노는 마치 총알이 장전되어 있는 총과 같아서 제대로 다루지 않으면 도리어 자신에게 위험하지요. 그러니 화를 적절하게 내는 법을 배워야 합니다.

분노의 과잉반응, 짜증

자, 이제 억울함에 대해서 생각해 봅시다. 이것도 화가 나기는 마찬가지예요. 그런데 내가 뭘 잘못한 게 하나도 없는데 혼이 나거나 곤경에 처했을 때 느끼는 것이 바로 억울함입니다. 그래서 화가 나고 답답하죠. 즉, 분노가 생기기는 하는데 어떤 대상이 있다기보다는 그 화가 나는 상황이 핵심입니다. 억울하다는 감정은 결백한 사람이 잘못을 저질렀다고 판정을 받게 된 상황일 때 생기는 거죠.

그렇다면 짜증은 뭘까요? 짜증은 화를 낼 일에 화를 냈지만, 보통 때 같으면 그러지 않았을 상황에 과민한 반응을 보이는 것을 말합니다. 만일 준기가 열이 나지 않고 컨디션이 좋은 날이었어도 친구가 지나가다 쳤을 때 저렇게 화를 냈을까요? 그렇지 않았을 것입니다. 그래서 친구도 당황했던 것이죠. "뭘 그런 걸 가지고 화를 내냐."라고 말을 한 것입니다. 즉, 짜증은 예상했던 것보다 더 심한 분노 반응을 보이는 것입니다. 준기도 지금 자신이 괜히 짜증을 냈다는 것, 이 정도로 주먹을 들 만한 일은 아니라는 것을 금방 알아차렸어요. 그래서 더 민망하고 창피해서 고개를 푹 수그리고 책상에 엎어져 버렸던 것이죠. 하지만 어쩌겠어요, 갑자기 욱하고 반응을 해 버렸는데 말이에요.

흔히 "아, 짜증 나."라고 쉽게 말을 합니다. 그렇지만 이 말은 내가 어떤 상황에서 과잉 반응을 할 것 같을 때 써야 제격입니다. 화를 내는 것, 억울한 것, 그리고 짜증이 나는 것은 이렇게 비슷해 보이나 다른 감정을 표현할 때 쓰는 말입니다.

화가 나도 파란불을 기다려

화가 날 일에 그런 상황을 제공한 대상에게 분노를 표현하는 것은, 화를 내는 정도가 적당하다면 할 수 있는 일입니다. 그런데 이왕이면 주먹이 앞서기보다 말로 할 수 있는 것은 말로 했으면 해요. 욕을 하기보다는 "나 이건 참 화가 나. 마음에 들지 않아."라고 내 감정을 분명히 먼저 표현하는 것이 좋습니다. 그렇지만 그게 참 쉽지 않죠. 앞에서 이를 드러내고 으르렁거리는 어미 개의 예를 들었듯이 분노의 표현은 본능적으로 생존을 위해 작동하는 즉각적인 자동 반사와 같거든요.

하지만 우리가 생활하는 환경에서는 어미 개와 같이 바로 달려들어서 으르렁댈 일은 거의 없습니다. 그런데 화를 내야 할 것 같고 왕창 분출해야 할 것 같은 마음이 들 때가 있어요. 화를 확 내고 나중에 후회하는 일이 자꾸 일어난다면, 화를 내기에 앞서서 잠깐 멈추고 하나, 둘, 셋을 세어 봅시다. 그러면서 신호등을 떠올려 보세요. 자동차를 타고 갈 때 빨간불이 켜지면 일단 멈추고 신호가 파란불로 바뀔 때까지 기다려야 하죠. 지금 화가 난 상태는 빨간 신호등이 켜진 상태입니다. 잠시만 생각해 보세요. 지금 내가 내려는 화가 적당한 양인지 아니면 너무 과한 것인지. 길을 무단 횡단하다가 경찰에 잡힌 사람에게 "넌 사형이야!"라고 구형을 하는 검사가 된 것은 아닌지 말이에요. 아마도 곧, 지금 여기서 적당한 수준은 어느 정도인지, 아니면 이번에는 그냥 넘어가도 될지 깨달을 수 있을 겁니다.

신호등은 곧 파란불로 바뀌어요. 이때 우회전을 할지 직진을 할지, 돌아서서 갈지 우리는 지혜로운 결정을 할 수 있습니다. 이때 표현하는 감정은 자연스러운 일입니다. 이런 순서를 지켜본다면 화를 내는 게 꼭 나쁜 것도, 무서운 것도, 폭주해서 내가 다 망가져 버릴 것만 같은 일도 아니라는 걸 점점 알아 가게 될 거예요. 감정은 이렇게 잘 다스려서 쓸 줄만 안다면 나를 위협으로부터 방어해 줄 뿐 아니라 스스로를 괜찮다고 여기게 만들어 줍니다.

6. 나는 멍청이야

나는 왜 만날 이 모양일까

별로 즐거울 것 없는 아침의 풍경입니다. 이때 승희가 느낀 감정들은 무엇일까요? 어떤 일이 잘 풀리지 않거나 실수를 했을 때, 혹은 잘못을 저질렀을 때에는 어떤 감정이 느껴집니다. 하나는 죄책감이고 다른 하나는 수치심이죠. 둘은 비슷하지만 많이 다릅니다. 둘을 구별할 줄 알아야 합니다.

먼저 죄책감은 나쁜 행동을 하고 나서 그 행동에 대해서 드는 감정입니다. 즉 이건 자기가 한 행동에 대한 반성이지요. 그리고 자기의 잘못한 행동 때문에 내 외부로부터 벌을 받는 것을 의식하고 무서워하는 것입니다. 그 외부의 시작은 당연하게 부모입니다. 어릴 때에 오줌을 아무 데나 싸거나, 밥을 먹다가 음식을 집어던지면 엄마에게 혼이 났죠. 혼이 나지 않기 위해 오줌은 화장실에서 보고, 밥은 식탁에 앉아서 얌전하게 먹게 되었습니다. 엄마가 보지 않을 때에는 아무렇게나 하고 싶지만 엄마가 언제든지 나를 보고 있을 수 있습니다. 그래서 엄마가 눈에 보이지 않을 때에도 그런 행동을 하고 나면 움찔하죠. 그게 죄책감의 시작점입니다.

처음에는 혼이 날까 봐 무서웠는데, 나중에는 그냥 내 안에서 그러면 안 된다고 여기게 되고 바람직하지 않은 행동을 하면 자연스럽게 죄책감을 느낍니다. 그래서 그 행동을 하려다가 하지 않거나, 하고 난 다음에도 죄책감을 느끼며 다음에는 하지 않겠다는 반성의 다짐을 하죠. 혹은 타인에게 잘못을 밝히며 용서를 구하기도 하는 것입니다. 외부의 판단이 내 안으로 들어와 죄책감의 기준이 된 것이죠. 경찰에게 걸릴까 봐 무단 횡단을 하지 않고 남의 물건을 훔치지 않는 것입니다.

이와 달리 수치심은 '스스로 나쁘다고 여기는 감정'입니다. 즉, 나는 그럴 행동이나 판단을 할 사람이 아닌데, 내가 나의 기대에 못 미쳤기 때문에 느끼는, 나란 사람에 대한 감정인 것이죠. 이 부끄러움은 혼이 날까 봐 바짝 긴장하는 것보다 더 깊이 아프다고 하는 사람이 많습니다. 괴롭기는 마찬가지지만 결이 다른 거죠. 죄책감은 내가 한 특정 행동에 대한 판단인데 반해서 수치심은 내 존재 전체가 잘못된 것 같습니다. 즉, 수학 시험을 못 보면 "수학을 잘 못했다. 다음엔 수학 공부를 더 열심히 해야지."라고 생각하는 게 아니라 "난 공부를 진짜 못해. 공부랑은 인연이 없는 존재야."라고 여기는 것과 비슷한 것입니다.

건강한 수치심과 해로운 수치심

이렇게 죄책감과 수치심 두 감정은 비슷하면서 다릅니다. 그리고 어떤 감정을 느끼는가에 따라서 이후의 행동도 달라질 수 있어요. 죄책감은 어떤 행동을 잘못한 것이니 반성을 하고 다음에는 그 행동을 하지 않으면 됩니다. 바람직하지 않은 행동을 덜 하고, 그만큼 좋은 행동을 많이 하려고 노력하는 긍정적인 변화를 기대할 수 있지요. 그와 달리 수치심은 내가 마음에 들지 않고 무능하게만 느껴집니다. 그러니 뭘 더 잘 해 볼 생각이 들지 않기 쉽죠. 앞으로 이 행동이 아닌 다른 행동을 하더라도 마찬가지로 바보 같고 마음에 들지 않는 짓만 할 것 같다는 부정적인 전망을 하게 됩니다. 그러니 새로 어떤 일을 할 엄두를 내지 못하고, 의욕을 보이지 못하기 쉽습니다. 그냥 그대로 머무르거나 자신이 점점 없어지는 나를 발견해 버리는 것이죠.

바로 이것이 해로운 수치심입니다. 이렇게 되면 "나는 잘못 태어났다. 사랑받을 자격이 없어."라는 이상한 믿음이 생깁니다. 그러니 자신 있게 자기표현을 하지 못하고 못난 나를 숨기는 걸 먼저 생각하죠. 혹시 수치스러운 나의 한 부분이 드러나 사람들이 나에게 실망하고 나를 싫어하게 되는 게 죽기보다 싫습니다.

이렇게 보면 수치심은 아주 나쁜 것 같아 보입니다. 그러나 모든 감정은 순기능이 있어요. 우리의 마음 건강을 위해서 필요한 역할이 있습니다. 그걸 건강한 수치심이라고 합시다. 수치심은 내가 나를 혼내는 것이에요. 외부가 아닌 내부에서 평가하고 판단을 합니다. 그러니 수치심은 부드럽기만 하면, 나 스스로 알아서 잘 하는 기준점이 될 수 있습니다. 내가 나에게 부끄럽지 않은 삶을 사는 것은, 벌금을 내거나 감옥에 가지 않기 위해 나쁜 짓을 하지 않고 조심하는 것보다 훨씬 멋진 일이잖아요.

수치심은 그 역할을 합니다. 죄책감보다 나중에 생기고, 한 가지 일에 수치심을 느끼면 다른 영역에서도 조심하고 내 도덕과 윤리 기준을 잘 지키기 위해서 노력하게 됩니다. 그러니 죄책감을 느끼는 것이 한 가지 부분에만 국한된 작은 변화를 가져온다면, 수치심을 느끼는 순간 "아하! 내가 요새 허술했구나." 하면서 정신이 번쩍 들고, 생활 전반에서 몸과 마음을 추스르는 넓은 범위의 변화를 자극하는 효과가 있습니다. 이

것이 건강한 수치심의 역할입니다.

여기에 더해서 내가 살아가고 있는 세상과 나의 관계에서도 수치심은 좋은 역할을 합니다. 어떤 유혹이 생길 때, '나는 그런 사람이 아니야.'라는 생각을 자연스럽게 하면서 유혹에 넘어가지 않거든요. 그러면서 내가 사는 가족, 학교, 사회에서 기대하는 좋은 사람이 되도록 나를 자연스럽게 유도하는 기능을 합니다. 우리는 수치심을 기초로 해서 집단의 가치관을 따르면 기분이 좋아지고, 거스르면 부끄러운 감정을 느끼는 것이에요.

그건 그냥 실수였어

자, 이제 승희의 하루로 돌아가 볼까요? 승희는 늦잠을 자는 바람에 친구와의 약속에 나가지 못했어요. "내가 늦잠을 잤네. 알람을 꼭 듣고 일어나야지. 엄마에게 깨워 달라고 부탁하자."라고 생각하면 됩니다. 그리고 학교에 가서 친구에게 사과를 하고, 내일부터는 어떻게 하겠다는 다짐과 부탁을 하면 되죠. 이런 일에 "나는 멍청이."라고 자책하는 해로운 수치심을 느낄 필요는 없어요. 그보다 잘못한 것에 대해서 반성하는 죄책감을 느끼면 그만입니다.

허나 승희는 자책하고 수치심을 혼자 자극하는 데 익숙했죠. 우유를 흘렸을 뿐인데 수치심에 눈물이 찔끔 나며 주저앉을 정도로 심약한 상태가 된 것입니다. 그저 우유를 흘렸을 뿐이잖아요? 그냥 그건 실수였으니 "어휴, 우유 흘렸네." 하고 걸레를 가져다가 빨리 닦으면 됩니다. 그러면 끝날 일이지, "나는 이거 하나 못 해."라고 수치심에 주저앉을 일은 아니지 않을까요? 이렇게 우리는 수치심을 느끼는 데 더 익숙한 것 같아요. 그렇지만 두 감정을 서로 구별할 줄 안다면 괜히 수치심을 느끼며 나를 못나다고 여길 일은 줄어들 수 있을 것입니다.

7. 낙관적이라 마음은 편하겠다고?

다들 열심히 하네.
이번 시험 망치면 어쩌지?
초조해.

야, 장은호. 내일이 시험인데
넌 유튜브 볼 마음이 드냐?

혜리야.

내일이 시험이라고 뭐 세상이 무너지냐?
내가 오늘 하루 공부 더 한다고
어떻게 되는 것도 아니고. 적당히 해.

뭐? 쟨 어떻게 저럴 수 있지?
난 시험 망칠까 봐 걱정돼 죽겠는데.

창을 던지는 방식이 다르다

혜리는 도저히 이해할 수 없었죠. 은호가 성적이라도 나쁘면 이해라도 할 수 있겠지만 은호는 성적이 월등하게 좋았거든요. 매일 노는 것 같은데 신기하게 성적이 잘 나오더라고요. 이해하기도 어렵고 부럽다면 부럽기도 했어요. 재능의 차이인 걸까 싶기도 하고요.

그런데 은호도 옆에서 종종거리는 혜리가 좀 이상했어요. 은호는 매사를 이왕이면 기분 좋게, 좋은 방향으로 생각하는 게 나은 것 같거든요. 그런데 혜리는 언제나 극단적으로 제일 나쁜 상황을 이야기하면서 다급하게 보채기 일쑤입니다. 시간이 지나서 보면 혜리는 시험도 잘 보고, 실수도 없고, 일어날 거라던 나쁜 일은 생긴 적도 없어요. 혜리가 저러는 건 괜히 시간과 에너지를 낭비하는 것 아닐까요?

혜리와 은호는 내일을 바라보는 관점이 너무나 다릅니다. 혜리는 내일 시험의 결과에 부정적이고 나쁜 일이 일어날 것이라 가정합니다. 그걸 비관(悲觀)적이라고 하죠. 일단 나쁜 결과가 나올 것이라 가정하면 실패할 만한 상황을 미리 조심하고 더 많이 준비할 수 있지요. 그게 더 이득이라고 보는 거예요. 반면 은호는 거꾸로 앞으로 일어날 상황을 긍정적이고 좋은 방향으로 가정합니다. 낙관(樂觀)적 태도죠. 더 좋은 방향으로 일이 풀리고, 내 앞에는 행운이 있을 가능성도 높을 것이라고 생각합니다. 의외의 좋은 결과까지 바라지 않더라도 나쁘지 않게 일이 풀릴 것이라고 기대하지요. 그래서 괜히 미리 마음을 졸일 필요가 없다고 보고, 안 좋은 일이 생기면 그때 대처하면 된다고 생각하지요.

비관과 낙관은 앞날을 바라보는 태도이자 감정으로 작동합니다. 예측을 하는 것은 창을 던지는 것과 같아요. 예측을 영어로 forecast라고 하는데, 이것은 앞으로 창을 던진다는 의미입니다. 그런데 낙관적일 때에는 더 멀리 자신 있게 던지고, 비관적일 때에는 던지지 않거나 바로 다시 집을 수 있게 살짝 던질 거예요. 감정은 이렇게 내가 판단하고 움직이는 방향에 영향을 미칩니다.

어떤 일이 생겼을 때, 또 앞으로 생길 것 같을 때 하나하나의 일들을 따로 판단하려면 머리가 무척 복잡할 수 있죠. 이때 감정에 따라 반응하면 생각하고 판단해서 반응하는 것보다 반응 속도가 빠릅니다. 이렇게 하면 한 번에 많은 것이 결정이 돼요. 내일 시험이니까 공부를 더 하는 것, 그러면서 먹고 싶은 것을 참고 간단히 먹는 것, 게임을 하고 싶은 마음을 단념하는 것, 빨리 자고 싶지만 참는 것도 모두 한 세트입니다. 그런데 하나하나 판단하면 공부는 더해도, 먹는 것은 더 먹고, 게임은 한 시간 더 하고, 잠은 덜 자고 이런 식으로 뒤죽박죽이 되기 쉽죠. 그래서 앞날에 대해서 비관 또는 낙관이라는 방향을 정하고 나면 마음의 판단에 일관성이 생깁니다.

누가 살아남았을까?

그런데 비관적인 사람과 낙관적인 사람, 누가 더 많을까요?

이런 상상을 한 번 해 봅시다. 낙관과 비관이 유전적으로 결정되는 성향이라면 처음에는 반반이었겠죠? 반 정도는 낙관적이라 "별일 없을 거야. 위험하지 않아."라고 지내고, 반 정도는 타고나길 비관적이라 "일단 나쁜 쪽으로 생각하자. 세상은 무서워."라고 한껏 걱정하고 불안을 몸에 장전한 채 지낸다고 상상해 봅시다. 이 두 종류 조상들이 깊은 숲속을 들어가 과일을 따고, 토끼를 잡으려고 해요. 부스럭 소리가 나면 멈칫, 혹시 위험한 곰이나 늑대가 나타날 수도 있으니까요.

이때 낙관적인 유전자를 가졌다면 "별것 아닐 거야. 그냥 바람 소리에 나뭇잎이 흔들린 거겠지."라고 생각하고 무시하고 갈 것이고, 비관적 유전자를 가졌다면 매번 부스럭거릴 때마다 "앗, 늑대일지 몰라. 잠시 확인해 보고 안심이 되면 가자."라고 멈춰 서겠죠.

물론 거의 대부분의 경우가 별일이 아니었을 것입니다. 비관적인 사람은 낙관적인 사람에 비해서 자주 멈추느라 많이 돌아다니지 못하고 과일도 덜 딸 수밖에 없었을 거예요. 한마디로 손해가 막심이죠. 그렇지만 십 년 정도의 긴 시간을 두고 보면, 천 번에 한 번이라도 정말 늑대와 마주치게 될 수 있지 않을까요? 이때 비관적인 예측을 해서 매번 몸조심을 한 사람은 그 덕분에 미리 도망을 갈 수 있었을 테지만, 낙관적인 태도로 아무 방비를 하지 않았던 사람은 딱 한 번의 흔치 않은 일로 인해 목숨을 잃었을 것입니다.

자, 그렇게 오랜 시간이 지나면서 이런 식으로 낙관적인 사람보다 비관적인 사람이 위험에서 자기 목숨을 구할 가능성이 조금이라도 더 높아졌습니다. 이런 삶이 몇 대에 걸쳐 일어났다고 해 보죠. 누가 더 많이 살아남아서 자식을 낳았을까요? 조금만 생각해 보면 답은 분명합니다. 바로 비관적 태도를 가진 사람, "일단 안 좋은 일이 생길 것이라 가정하자."라고 보는 기질을 가진 채 태어난 사람이 몇 천 년이 지나면서 점점 더 많아졌을 거예요. 그에 반해 낙관적인 태도를 기본 기질로 가진 사람은 절반보다는 적어졌을 거고요. 그래서 혜리와 같은 마음가짐이 더 흔한 것입니다.

이렇게 비관과 낙관의 감정은 우리의 예측과 앞날에 대한 자세를 정해 줍니다. 제일 좋은 것은 이성적으로 측정하고 판단한 앞날에 대한 예측이 100이라면 100에 맞춰서 준비하는 거죠. 그러나 우리의 감정은 비관적일 때에는 앞날이 50밖에 안 될 것으로 보고 더 많은 준비를 하게 하고, 낙관적일 때에는 앞날이 150은 될 것이라고 보고 50만 노력해도 된다고 곱셈과 나눗셈을 하게 합니다. 뭐가 옳고 그르다고 판단하자는 게 아니에요. 우리 마음 안에 자연스럽게 작동하는 예측의 감정이 내 판단에 영향을 미친다는 것을 알고, 그러니 혹시 내가 지나치게 비관적으로 혹은 너무 낙관적으로 판단하고 거기에 따라 곱셈과 나눗셈을 하고 있는 건 아닌지 한 번만 점검해 보자는 것입니다.

8. 이 행복이 영원했으면!

난 지금 기분이 아주 좋다. 왜냐고?

날아갈 것 같아!

어제 광클해서 콘서트 예매에
성공했기 때문이지!

히힛.

아, 이 행복한 기분 영원했으면.

이제 한 달 후면······

꺄 아 아 아 아

사랑해요!

오빠!

꺄!

음…….

안녕!

뭐지, 이 기분은.

아, 엄마한테 못 보여 드리겠는걸.

이번 기말 망했네…….

콘서트 티켓 구한 건 꿈이 아닌데
어제의 그 행복한 마음은 어디 간 거지?

푸슈슈슉

바람 빠진 풍선처럼
쭈글쭈글한 기분

그래, 이게 맞는 것 같아. 어제 괜히 들떴었어.

털썩

불행으로 넘치는 인생이 나랑 어울려!

로또에 당첨되면 얼마나 오래 행복할까?

수정이는 자신이 행복과 불행의 롤러코스터를 타고 있다고 믿고 있습니다. 행복이라는 단어를 우리는 쉽게 쓰죠. 행복해지기를 원하고 한 번 경험한 행복이 영원히 지속되기를 기대합니다. 하지만 행복이라는 감정의 실체를 알면 그게 쉬운 일도 아니고 또 가능한 것도 아니라는 것을 알 수 있어요.

행복이라는 감정은 크게 두 가지로 나눠서 봐야 합니다. 하나는 수정이가 느낀 것처럼 긍정적이고 기분 좋은 감정을 짧고 강하게 경험하는 것입니다. 순간적으로 모든 것이 아름답게 맞아 들어가는 경험이죠. 뇌에서 도파민이라는 신경 전달 물질이 확 분출되면서 강렬한 기쁨을 경험합니다. 그런데 한번에 많은 양이 분출된 도파민은 오래 지속되지 못하고 곧 기본으로 돌아가지요. 그래서 강한 기쁨은 오래 지속되지 못한답니다.

두 번째 행복은 전체적으로 지금의 생활에 만족하는 경우에 느낍니다. 크게 즐거운 일이 있는 것은 아니지만 전반적으로 괜찮게 잘 지내고 있다고 여길 때 행복감을 느끼죠. 할머니에게 지금 행복하시냐고 물었을 때 "너희들도 건강하게 잘 자라고, 할머니도 큰 병이 없이 잘 지내고 있다. 감사한 일이고 이 정도면 행복한 인생이지."라고 말씀하실 때의 그 행복입니다.

즉, 이와 같이 행복은 짧고 강한 기쁨과 전반적인 만족으로 나눠서 봅니다. 그런데 짧고 강한 기쁨만 추구할 때 문제가 생겨요. 삶이 온통 행복으로 가득하기를 바라는 것은 비현실적이고 그것을 끊임없이 추구하는 것은 지속 가능하지 않은 목표입니다.

하물며 로또 복권에 당첨이 되어서 실제 큰돈을 번다고 해도 그 행복이 오랫동안 지속되지 않습니다. 1978년 한 연구에서 로또에 당첨된 사람 22명과 교통사고로 신경 손상이 온 사람 29명 그리고 일반인을 비교해 보았습니다. 일정 시간이 지나자 로또에 당첨된 사람들의 행복감은 일반인뿐 아니라 교통사고 피해자와 비교할 때도 차이가 나지 않았습니다. 행복감이 줄어든 것이죠. 뇌는 현명하게도 좋은 감정이라 해도 너무 오래 지속되는 걸 허용하지 않고 중용으로 돌아가도록 세팅을 해 놓았습니다. 그래서 하물며 로또에 당첨되었다고 해도 그 신나고 행복한 마음은 영원히 지속되지 않는 거죠. 거꾸로 불행하고 우울한 감정도 오래 지속되지 않습니다. 교통 사고로 신경 손상이 온 사람들 또한 시간이 지나자 불행한 감정이 줄어들었습니다. 부정적인 경험을 하고 나면 자연스럽게 작은 행복감을 찾아서 어떻게든 중간의 감정으로 다시 돌아가려는 노력을 본능적으로 하는 것이 또한 인간이거든요. 힘든 사건을 겪는다고 해서 영원히 거기에 머물러 있지 않는다는 것, 이것 또한 감정의 좋은 기능이 아닌가 하는 생각도 듭니다. 즉, 수정이가 시험 성적이 아주 엉망이라 불행의 구렁텅이에 빠지는 기분을 느꼈지만 이 불행한 느낌도 역시 아주 오래 흉터같이 남지는 않을 거예요.

행복보다 불행이 더 많은 이유

자, 이렇게 행복과 불행은 균형을 잡으려고 하는 감정의 세팅에 더 가깝습니다. 불행한 일이 있으면 우리 마음은 더 좋은 방향으로 가려고 노력하고, 행복한 일이 있으면 그게 오랫동안 남아 있게 하기보다 시간이 지나면 서서히 다시 보통 수준으로 내려오게 하지요. 즉, 이왕이면 아주 좋은 감정을 갖고 지내면 좋겠지만, 뇌는 그보다 '평형'을 찾는 걸 중요하게 판단한다는 것입니다.

그런데 행복하고 불행한 일들을 되돌아보면 이상하게 행복한 일보다 불행한 일이 더 많은 것 같습니다. 그렇지 않나요? 좋은 일보다 나쁜 일이 더 기억에 많이 남는 것도 있지만 한편으로 중요한 하나가 빠져서 그렇습니다. 이렇게 한 번 생각해 볼까요?

	원하는 것	원치 않는 것
갖게 됨	**행복**	**불행**
갖지 못함 존재하지 않음	**불행**	**다행**

힐렐 아인혼이라는 심리학자는 행복의 4분면을 그려서 행복과 불행을 설명했습니다. 행복은 내가 바라던 것이 이루어질 때 느끼죠. 수정이가 콘서트 표를 예매하는 데 성공한 것처럼요. 자, 이번에는 원치 않았지만 어쩔 수 없이 갖게 되는 것이 있습니다. 엉망인 성적표, 가족이 병에 걸리는 것, 넘어

져서 다치는 것과 같은 일이 벌어지기도 합니다. 이것은 불행이죠. 원하는 것을 갖지 못해도 불행하다고 느낄 것입니다. 콘서트 표 예매에 실패한 친구들은 불행을 느끼겠죠. 이렇게 보면 원치 않는 것을 갖게 된 것과 원하는 것을 갖지 못한 것, 이 두 가지는 모두 불행을 느낍니다. 그에 반해 원하는 것을 얻는 것에만 행복을 느끼니, 불행과 행복은 2대 1로 행복이 훨씬 적을 수밖에 없습니다. 그래서 우리는 불행을 더 자주 느끼는 거죠.

잘 보이지 않는 '다행'

그런데 실은 여기에 비어 있는 한 곳이 있습니다. 원하지 않은 것인데 갖고 있지 않은 것 말이죠. 예를 들어 병에 걸리지 않는 것, 헤어지고 싶지 않은 친구와 좋은 관계를 유지하는 것은 원치 않은 일이 일어나지 않은 것입니다. 이건 잘 보이지 않아요. 그래서 이 4개의 면에서 실은 꽤 큰 비중을 가지고 있는데도 없는 것처럼 보입니다. 나는 이것을 '다행'이라고 말하고 싶어요. 다행이라는 감정은 참 소중합니다. 행복과 불행 사이에서 눈에 보이지 않지만 아주 큰 면적을 차지하고 있는 다행. "아, 나쁜 일이 일어나지 않아서 얼마나 다행인가."라는 생각을 해 보세요. 이 다행의 영역도 실은 행복의 한 부분인 것입니다. 그런데 우리는 그걸 잘 보지 않죠. 보이지 않아서 없다고 여기는 다행을 행복의 한 식구로 받아들여 보면 어떨까요? 행복의 구간이 확 늘어나는 효과가 생깁니다.

자, 정리해 볼까요? 행복이라는 감정, 영원하면 참 좋겠지만 그럴 수 없습니다. 그리고 불행한 일이 일어나도 얼마 지나지 않아 곧 마음을 추스를 수 있지요. 행복이 불행보다 훨씬 적을 것 같지만 숨어 있는 다행을 찾아 보세요. 우리는 우리가 느끼는 것보다 더 많이 행복에 가까운 감정 속에서 살아가고 있답니다. 행복할 일이 벌어지지 않더라도 "참 다행이네."라는 말을 한 번씩 하면서 지내면 어떨까요.

2부

관계에서
느끼는 감정

1. 인류의 생존 비법, 공감

네 일을 내 일처럼

짧은 쉬는 시간에 매점에 다녀오려고 달리다가 그만 윤주가 넘어졌네요. 그런데 윤주가 넘어져서 아파하는 이 상황을 대하는 세 명의 반응이 꽤 다르네요. 어, 매점으로 획 가 버린 석주의 반응이 확 다른 것은 알겠지만, 나머지 둘 현서와 미수는 똑같이 윤주를 걱정하지 않았냐고요?

현서와 미수의 반응은 얼핏 같아 보이지만 사실은 다릅니다. 현서는 "괜찮아?" 하며 말을 건넨 반면 미수는 몸서리까지 치며 자기가 다친 양 울 듯한 표정으로 윤주에게 다가갔지요. 이때 현서는 윤주의 아픔에 동정심을 보인 것이고, 미수는 공감을 한 것이에요. 석주는? 감정을 느끼지 않으려 거리를 두고 있는 중이고요. 석주가 공감 능력이 상당히 떨어지는 친구인 것은 분명합니다.

먼저 현서가 보여 준 동정심이라는 감정부터 보겠습니다. 동정심은 남의 아픔을 지켜보는 것이에요. 불쌍하다는 마음을 가질 뿐 그 사람의 감정이나 시각을 이해하려는 노력은 담고 있지 않죠. '아, 쟤 힘들겠다.' 하면서 내 입장에서 상대를 바라보면서 느끼는 관점입니다. 물론 이런 감정을 느끼는 것이 나쁜 것은 아닙니다. 일단 상대가 힘들어하고 있다는 것을 느끼고 있는 것만은 분명하니까요. 그렇지만 이때 현서는 적극적으로 윤주에게 다가가서 돕지는 않습니다. 내 문제인 것처럼 느껴지지는 않거든요. 그냥 지나칠 수도 있고, 가만히 서서 중얼거리기만 하기도 합니다.

미수가 보인 반응이 오늘 이야기하려는 공감입니다. 공감은 다른 누군가의 처지가 되어서 그 사람이 어떤 기분인지, 무엇을 필요로 하는지를 이해하는 능력이에요. 상상력을 발휘해서 다른 사람의 처지에 서 보고, 다른 사람의 느낌과 시각을 이해하며, 그렇게 이해한 내용을 활용해서 판단하고 행동하는 능력이지요. 미수는 윤주가 넘어졌을 때 마치 자기가 넘어진 것처럼 바로 반응했지요. 몸에서 자기가 넘어졌을 때의 기억이 되살아나니까 찌릿하고 소름이 확 올라왔어요. 윤주의 시점으로 자신을 집어넣어서 마음은 윤주 안에 들어가서 같이 뒹굴고 있는 것이죠. 그러니 바로 달려가서 내 일인 것처럼 돕게 되는 거죠.

그래서 모두가 공감 능력이 중요하다고 하는 것입니다. 공감을 잘 하는 사람은 타인의 감정을 인식하는 능력이 뛰어납니다. 그래서 잘 느끼고 적절히 반응하죠. 공감 능력은 인간이 모여 살면서 개발된 꼭 필요한 능력 중 하나입니다. 내가 힘들 때 남이 와서 돕고, 또 상대가 힘들어할 때 내 일인 것처럼 달려가 돕는 행동은 이성이 아니라 감정에서 우러나와야 해요.

내 공은 어디로 갔을까?

공감 능력은 태어날 때부터 갖고 있는 것은 아닙니다. 자라면서 서서히 발달해요. 대략 만 3세 정도부터 시작해서 4세 언저리부터 작동합니다. 왜냐하면 공감 능력이 발휘되려면 상대의 처지를 상상해서 그려 볼 수 있는 능력이 필요하기 때문입니다.

이것을 측정하는 '샐리와 앤'이라는 재미있는 실험이 있어요. 여러분도 한 번 해 보세요.

샐리가 바구니에 공을 넣어 두고 방을 나갔습니다. 그 사이에 앤이 샐리의 바구니에서 공을 꺼내서 상자로 옮겼어요. 잠시 후 샐리가 방으로 돌아왔습니다. 이때 샐리는 공을 어디에서 찾을까요?

샐리와 앤이 있었습니다.

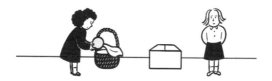

샐리가 공을 바구니에 넣습니다.

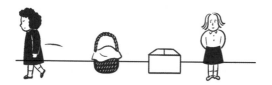

샐리가 방을 나갑니다.

앤이 공을 상자에 옮겨 놓습니다.

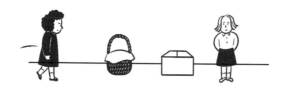

샐리가 돌아옵니다.
샐리는 공을 찾기 위해 어디를 살펴볼까요?

이때 3세 수준의 아이들은 자기가 본 것만 생각하기 때문에 샐리가 공을 상자에서 찾을 것이라고 대답합니다. 샐리가 방에서 나가느라 앤이 공을 옮기는 것을 보지 못했다는 상상을 하지 못하는 거예요. 즉, 샐리의 관점을 따로 상상해서 가상의 공간에서 그려 볼 능력이 아직 없습니다. 그에 비해 4세 정도가 되면 그게 가능해져요. 샐리가 상자가 아닌, 처음에 공을 넣어둔 바구니에서 공을 찾아보고 없어진 걸 발견할 것이라는 걸 알게 되는 거죠. 즉, 샐리의 마음을 공감하고 이해할 수 있는 것입니다. 내가 본 것과 상대가 본 것이 다를 수 있다는 걸 인정하고 그려 볼 수 있게 되고, 이걸 기반으로 타인의 감정에 대해서도 연상할 수 있는 능력이 생깁니다. 그래서 만 4세가 되어도 이런 공감 능력이 제대로 움트지 않은 경우에 자폐증을 의심하게 됩니다. 자폐증은 선천적으로 공감 능력과 사회성이 발달하지 않는 질환이에요.

공감 능력도 자란다

대부분의 사람들은 별 문제 없이 공감 능력을 발달시킵니다. 하지만 사람마다 키 차이가 나듯 공감 능력의 발달 정도는 개인차가 큽니다. 어떤 사람은 공감 능력이 매우 뛰어나고 어떤 사람은 매우 둔하죠. 이건 저 멀리서 굽는 생선 냄새를 금방 아는 사람과 바로 옆에서 음식이 타고 있어도 잘 모르는 사람의 차이가 있는 것과 같습니다.

자, 이제 석주 이야기를 해 볼까요? 친구가 다친 것을 보고도 휙 지나가 버리는 석주는 나쁜 친구일까요? 그건 아닙니다. 자폐증도 물론 아니고요. 석주에게 아쉬운 점은 현서나 미수에 비해서 공감 능력이 많이 떨어진다는 것입니다. 석주는 평소 윤주랑 그리 친하지 않았을 수도 있고, 공감을 하면 힘들까 봐 일부러 거리를 두는 것일지도 모릅니다. 그럼에도 석주처럼 최소한의 공감이나 동정심을 표현하지 않는 것은 친구 관계에서 부정적인 것은 분명하죠.

사춘기까지 키가 어느 정도 자라고 나면 성인이 되어서 그 차이를 좁힐 수 없듯이 공감 능력도 한 번 발달하면 더 이상 성장하기 어려운 것일까요? 그렇지 않습니다. 캐나다에서 이런 일이 있었어요.

1995년 캐나다에서 '공감의 뿌리'라는 프로그램을 시작했습니다. 초등학교 교실에 갓난아기를 안은 부모가 들어옵니다. 교사와 학생들은 이 아기가 자라면서 뭘 느끼고 보는지 그 아기의 관점에서 생각해 보고 느껴 보는 토론을 했어요. 어느새 토론은 "왕따를 당하면 기분이 어떨까?" 하는 이야기로 진행되었습니다. 그렇게 아기의 입장에 공감하는 것에서 시작해 자연스럽게 같은 반 친구의 마음을 공감하는 방향으로 나아갔습니다. 덕분에 이 프로그램에 참여한 학교에서는 학생들 사이의 괴롭힘이 줄어들고, 힘들어하는 친구를 돕는 행동이 늘어났다고 해요.

친구의 마음속에 들어가 보기

이렇게 공감 능력은 충분히 좋아질 수 있습니다. 그렇다면 학교에 이런 프로그램이 없는 경우 개인적으로 어떤 노력을 해 보면 좋을까요? 무엇보다 필요한 것은 역지사지(易地思之)의 마음입니다. "내가 아픈 만큼 상대도 아플 것이다."라는 생각을 하고 내 친구의 시점에서 상황을 상상해 보는 거죠. 또 내가 보는 것과 다른 관점이 있을 것이라는 걸 인정해야 합니다. 내가 보는 것과 다른 사람이 보는 것이 꽤 다를 수 있다는 상상력을 발휘하는 것이 공감 능력을 향상시키는 데 큰 도움이 됩니다.

꼭 실제 일어난 일이 아니라 해도 영화나 드라마, 소설을 읽으면서 주인공의 머릿속에 내가 들어간 듯이 감정 이입의 경험을 해 보는 것도 도움이 됩니다. 그냥 관람하듯이 거리를 두고 보는 게 아니라 "아, 얼마나 신이 났을까. 나도 저런 경험을 하면 저것보다 더 신났을 거야."처럼 좋은 일이건 나쁜 일이건 마치 내가 그 안에 들어가 활약을 하듯이 상상을 해 보세요.

왜 이렇게까지 해서 공감 능력을 키워야 할까요? 공감 능력이 너무 좋아도 피곤하기는 합니다. 사실 안 느껴도 되잖아요. 내가 아픈 것도 아닌데 아픔을 느끼고, 내가 좋은 일이 있는 것도 아닌데 괜히 기뻐하면 피곤하니까요. 그렇지만 남의 일에 함께 아파하고 함께 기뻐하는 것은 상대에게 감동이 됩니다. 그리고 이것은 사회적 관계에 좋은 접착제가 되고요.

공감은 내가 혼자가 아니고 모두가 함께 살아가는 세상이라는 믿음을 줍니다. 그리고 그 덕분에 인간 사회는 지금까지 공동체를 유지할 수 있었습니다. 좋은 일도 나쁜 일도 같이 경험하면서 버텨 나갈 수 있었어요. 그게 우리가 모두 오래 안전하게 살아가는 길이라는 것을 선조들은 본능적으로 알았고, 그게 우리의 발달에 자연스럽게 삽입되었던 것입니다. 그런 면에서 우리는 공감 능력을 조금이라도 늘리기 위해서 노력해야 합니다. 나뿐 아니라 우리 모두를 위해서.

2. 너를 향한 나의 마음, 사랑과 우정

우정은 사랑이 될 수 있을까?

자신이 시은이한테 왜 그랬는지 범준이도 잘 모르겠습니다. 아주 오랫동안 알아 온 시은이가 달리 보이기 시작한 건 몇 달 전부터였어요. 전에도 좋아하던 여자애가 있었지만 그때와는 느낌이 달랐습니다. 얼굴이 보고 싶어서 괜히 시은이네 반에 가서 얼쩡거리고는 했어요. 하지만 시은이가 멀리서 인사를 하면 괜히 차갑게 대했죠. 묘하게 눈이 마주치면 가슴이 벌렁거리고 속이 쓰렸습니다. 이게 무슨 감정인지 도대체 알 수 없었어요. 어디가 아픈가 했는데 아무래도 이건 시은이가 달리 보이기 때문인 것만 같았죠. 시은이는 어려서부터 알고 지낸 친구라고만 생각했는데, 남녀를 떠나서 제일 친한 친구 중 하나였는데, 이게 뭔지 도무지 모르겠어요. 지금 드는 이 마음은 도대체 뭐죠? 범준이는 지금 마음에서 일어나는 감정을 설명하기가 어렵습니다.

범준이의 마음에서 일어나는 감정은 무엇일까요? 두 사람의 우정은 다른 감정으로 바뀌어서 사랑이 될 수 있을까요? 범준이에 대한 시은이의 생각이 저렇다면 범준이 혼자 가슴이 콩닥거린다고 두 사람이 커플이 되기는 어려울 것 같습니다. 이래서 두 사람의 관계는 자기감정만 가지고는 해결되기 어려운 것이죠. 누구를 좋아하고 미워하고 부러워하는 것은 일방적이죠. 그렇지만 우정과 사랑은 손뼉을 치는 것과 같습니다. 한 손을 아무리 흔들어 댄다고 해도 다른 한 손이 맞닿아 주지 않는다면 손뼉 소리는 날 수가 없어요. 이치가 그러합니다. 그래서 우정도 어렵고 사랑은 더 어려운 거죠. 나 혼자 노력한다고 해결되는 게 아닙니다. 여하튼 먼저 사랑과 우정이라는 참 중요한 감정을 구별할 줄 아는 것이 꼭 필요해요. 범준이의 마음은 진한 우정일까요, 사랑이 싹튼 것일까요?

두 번째 사랑이 다가온다

먼저 사랑은 두 가지로 나눌 수 있습니다. 엄마가 나를 사랑하는 것과 아빠와 엄마가 서로 사랑하는 것은 다른 감정입니다. 어느 게 더 우선이냐고 묻는다면 저는 엄마와 자식 사이의 사랑이라고 말하겠습니다. 왜냐하면 이건 본능적인 돌봄 행동에서 우러나온 감정이니까요. 엄마가 임신을 하고 나를 낳은 후에는 모성애가 발동합니다. 동물들도 아무리 힘들어도 자기 새끼에게는 먹이를 주고 춥지 않게 하고 위험에서 보호합니다. 황제펭귄은 기온이 영하 60도까지 떨어지는 날씨에도 불구하고 남극의 빙판에서 알을 4개월간 발등에 올려놓고 부화되기를 기다리죠. 이 정도로 처절하고도 설명할 수 없는 본능의 감정이 부모와 자식 사이의 사랑이에요. 이게 모든 사랑이라는 감정의 원초적 시작입니다.

아이도 엄마를 따르고 보호받고 사랑받기를 원하죠. 엄마가 칭찬해 주면 기쁘고, 미워하고 혼을 내면 주눅이 듭니다. 사랑이 없어질까 봐 겁이 나고 그래서 엄마 말을 잘 듣고 시키는 것을 해내요. 그러면서 조금씩 성장합니다. 아이가 발달하고 성장하는 것도 역시 사랑이 작동한 덕분이에요. 이런 본능적인 사랑은 돌봄과 성장이 목표입니다. 먹이고 재우고 아프지 않게 하는 것이요.

자, 이제 엄마와 아빠의 사랑을 생각해 볼게요. 이건 다른 종류의 사랑입니다. 어른과 어른의 사랑으로, 짝짓기를 위한 감정입니다. 두 사람이 서로를 보면 열정이 생기고 같이 있고 싶고 하나가 되고 싶다는 강한 욕망을 갖습니다. 그래서 둘이 사랑한다고 하는 것은 엄마가 내게 잘 자라고 하면서 사랑한다고 하는 것과는 전혀 다른 질감을 가질 수밖에 없습니다. 이렇게 사랑은 두 가지 다른 의미로 사용됩니다.

이제 십 대가 되어 누군가를 좋아한다고 여기고 가슴이 콩닥거리는 범준이의 마음에는 두 번째 사랑의 감정이 생겼습니다. 십 대의 사춘기 변화가 오면 누군가를 좋아하는 감정은 본격적으로 어른들의 그 감정에 가깝습니다. 그래서 가슴이 벌렁거리고, 숨이 가빠 오고, 자꾸 보고 싶고, 가까이 있고 싶은 마음이 나도 모르게 느껴지지요.

그런데 이 감정은 아주 낯설어요. 처음에는 그래서 불편하고 싫기도 할 정도죠. 멀리 하고 싶고 부정하고 싶기도 해요. 하지만 알아야 하는 건, 이건 절대 나쁜 감정이 아니라는 것입니다. 자라면서 당연히 언젠가는 경험할 감정이에요. 다만 사람마다 느끼는 시기가 다르고, 상대의 마음도 자신과 딱딱 맞아떨어지는 것이 아니라는 것이 제일 큰 문제라면 문제겠죠.

해리 포터에게 친구가 없었더라면

자, 이제 그 사이에 있는 우정에 대해서 생각해 볼게요. 우정은 어른이 되어야 느낄 수 있는 게 아니라 아주 어릴 때부터 경험하는 감정입니다. 엄마, 아빠와 형제 사이에서 지내던 내가 가정 밖에 나가서 내 또래의 사람과 만나 아주 친해졌다는 감정을 느끼게 됩니다. 가족들에게만 느끼는 감정을 가족이 아닌 사람들에게서 처음 경험하죠. 그래서 새로우면서, 그냥 아는 사람과 달리 깊은 감정의 교류가 일어납니다. 친구는 오랫동안 알아 온 가까운 사이입니다. 엄마와 나 사이의 사랑과 비슷한 듯 다른 느낌이 친구와 나 사이에 오고 가는 것을 경험할 수 있지요. 그래서 친구가 좋은 거예요.

더욱이 십 대가 되면 친구는 더 중요해지지요. 이때의 *끈끈하고, 함께하면 무서울 것이 없을 것 같은* 친한 감정은 나를 보호해 줍니다. 친구와 친구 사이의 우정은 약해 보이는 나를 강하다고 느끼게 하기 충분해요. 그래서 친구들이 가족보다 더 중요해지고, 친구를 위해서라면 가족이 정한 규칙을 깨는 것도 대수롭지 않을 수 있지요. 사춘기에 제일 중요한 것은 엄마와 아빠가 정한 룰을 버리고 나만의 것을 만드는 것입니다. 자신의 정체성을 만들어 가는 과정이죠. 그걸 혼자 하기란 참 힘들고 외로워요. 이때 비슷한 시기에 비슷한 고민을 하며 같이 가 줄 친구가 꼭 필요해요. 우정은 그래서 소중한 감정입니다. 해리 포터에게 론과 헤르미온느라는 최고의 친구들이 없었다면 볼드모트와 싸워 나갈 수 있었을까요? 비록 론과 헤르미온느가 연인이 되었지만 말이에요.

사랑도 우정도 용기가 필요해

우정도 이렇게 사랑과 유사할 수밖에 없습니다. 나와 다른 누군가와 생각과 감정을 공유하고 모든 걸 함께하고 싶다는 욕구를 느끼는 감정이니까요. 하지만 우정은 사랑과는 사뭇 다르죠. 우정은 서로가 평등한 상태에 오고가는 감정이고 상호성을 바탕으로 합니다. 엄마가 내게 주는 사랑은 일방적이지만 친구 사이에는 그래서는 안 되죠. 그리고 내가 엄마를 선택할 수 없지만 친구는 선택할 수 있어요. 또 우정에는 성적인 부분이 함께하지 않습니다.

이 부분을 제외한다면 우정은 어떨 때에는 가족 사이에 느끼는 중요한 감정을 거의 모두 포함하고 있어요. 그래서 친구들끼리 모여 있으면 맘에 맞는 새로운 가족 안에 있는 것 같은 안전하고 포근하고 보호받는 기분을 느끼는 것이랍니다.

범준이에 대한 시은이의 마음은 지금은 친구들 사이의 우정이에요. 반면 범준이는 뭔가 다른 질적인 감정의 변화를 경험하고 있죠. 안타깝지만 아직까지는 그렇습니다. 앞으로 그 감정이 어떻게 변해갈지는 아무도 모르죠. 앞으로 살아가며 우정과 사랑이라는 감정은 참 중요하고 꼭 필요합니다. 친구가 한 명도 없고 진짜 우정을 경험해 보지 못한 사람도, 마음을 열고 누군가를 열렬히 사랑해 보지 않은 사람도 둘 다 불쌍하고 불행한 사람이지요.

사람 사이의 관계이기에 내 마음대로 되지 않습니다. 그렇지만 누가 내게 다가오기만을 기다리기보다 이 감정을 위해서 움직여 볼 용기가 있어야 합니다. 누가 내게 마음을 써 주기를 바라기보다 내가 마음을 먼저 쓰고, 또 "내가 이번에 했으니 다음에는 네가 해 줘." 하고 보상을 바라는 게 아니라 상대를 좋아하니까 마음씀씀이를 보이는 것, 그런 경험을 해 보는 것은 내 성장을 위해서 참 좋습니다. 어떨 때에는 베푼 것의 반의반도 돌아오지 않아 서운하고 억울할 수 있겠지만, 손해는 아니에요. 내가 그래 봤다는 것 자체가 중요하니까요.

3. 실망할 거라 기대하면 실망하지 않는다

오늘은 내 생일

하지만 난 태연한 척 하고 있을 거다.

안녕?

어, 왔냐?

짜식들, 숨기기는.

얼마 전 준영이 생일에는 이벤트로
노래를 불러 주었다.

생일~축하~ 합니다~

생일

축하

사랑하는~

야, 이 미친놈들아!

다들 연기 참 잘한다.

딩동 딩동

수업 끝~!

가자~

야호

도대체 뭘 준비했길래.

그건 솔직히 좀 서운해

생일날 친구들의 축하를 받고 싶었던 지후의 바람이 이루어지지 않았네요. 이때 지후가 친구들에게 느낀 감정은 무엇이라고 해야 할까요? 그것은 '서운하다'는 감정이에요. 어떤 기대를 했고 그 정도는 충분히 가능할 것이라 여겼지만 그게 이루어지지 않았을 때 생기는 감정이지요. 이때 "내가 너한테 이것밖에 안 돼?" "섭섭하다. 그렇구나." "서운해서 눈물이 핑 도네."라고 말을 하고는 합니다. 이 감정은 생각보다 오래 지속돼요. 왜냐하면 내 기대가 꺾인 것, 내가 원하던 것이 이루어지지 않은 것을 떠나서 내가 그런 감정을 느꼈다는 것 자체에 자존심이 상하고 체면이 안 선다고 여겨지기 때문입니다.

서운함이라는 감정 안에는 과거와 미래가 담겨 있고 결과는 현재에 느낍니다. 과거에 쌓아 온 나와 너의 관계가 있고, 내가 최선을 다하고 잘 대해 준 만큼 미래에 어떤 것이 되돌아 올 것이라고 희망하지요. 희망이란 이렇게 미래지향적인 예측입니다. 희망이 없어지는 것은, 목표로 한 시점이 다가와서 그 미래가 오늘이 되었을 때, 결과를 오늘이라는 현실에서 열어 볼 때입니다. '서운하다'는 감정은 과거를 기반으로 한 미래의 예측이 현재에 틀렸을 때 경험합니다.

나이가 많이 드신 연예인인 뽀빠이 이상용 할아버지가 있습니다. 이 분은 오랫동안 심장병 어린이의 수술비를 후원하는 일을 하셨어요. 한 인터뷰에서 그는 이렇게 말했습니다.

"제가 수술을 받을 수 있도록 도와주어 목숨을 구하게 된 심장병 어린이가 모두 567명인데 지금까지 연락되는 친구는 10여 명이에요. 그건 솔직히 좀 서운합니다. 그렇지만 그 또한 제 팔자겠죠."

500명 중에 10명도 연락이 안 된다는 거예요. 목숨을 살려 준 분한테요. 바로 이럴 때 느끼는 것이 서운함입니다. 이런 서운함은 꽤 크고 깊이 아프게 해요. 사람에 대한 실망이 커서 다시 희망을 하고 싶지 않게 합니다.

결코 실망하지 않는 방법

이렇게 된 상황에 대응하는 제일 좋은 방법은 미리 실망을 해 버리는 것입니다. 기대를 확 낮추고 아예 나쁜 결과를 기대하는, 미리 실망의 대잔치를 하는 거죠. 그러면 아무리 나쁜 결과가 나와도 더 이상 서운할 일이 없을 테니까요. 그만큼 서운한 감정을 느끼는 것은 내일을 바라보는 마음을 바꿀 정도로 힘이 셉니다.

영화 「스파이더맨 — 노 웨이 홈」에서 스파이더맨 피터 파커의 여자 친구 MJ는 MIT 대학 입학 합격을 간절히 기다리면서 "실망할 거라 기대하면 결코 실망하지 않을 수 있어."라고 합니다. 당황스러운 실망 회로를 만들고 있는 것인데 의외로 많은 사람들이 이런 방식으로 살아가요. 그렇지만 이것은 썩 좋은 방식은 아니에요. 그만큼 서운하고 섭섭해 하는 것은 꽤 아프고 최대한 피하고 싶은 일입니다. 더욱이 서운한 마음은 상대에 대한 원망이 되기 쉬워요. 분노가 생기고 거리감을 느끼고 부정적인 감정부터 먼저 솟구칩니다.

서운함보다는 아쉬움

이렇게 실망을 미리 해서 서운한 감정이 들지 않게 하는 것 말고 다른 방법은 없을까요? 저는 '아쉬움'이란 감정을 느껴 보라고 권하고 싶어요. 아쉬움은 더 분발해서 원하던 것을 실현해 보려는 마음이지요. 열심히 했지만 딱 조금 모자란 느낌, 그게 아쉬움입니다. 여러 면에서 서운함보다는 아쉬움이 더 나아요. 상대에 대한 실망에서 오는 서운함을 내가 못한 것, 내가 더 잘 해내고 싶은 것에 대한 아쉬움으로 바꿀 수 있어요.

무엇보다 서운함에 비해 아쉬움은 너도 나도 잘못한 게 아니라 상황이 그럴 수 있었다고 생각해 보는 것이에요. 혹은 운이 좀 없었을 뿐이라는 생각으로 전환할 수도 있죠. 그래서 아쉬운 감정은 서운한 것에 비해서 쉽게 흘러가고 사라질 수 있어요. 아주 오래 마음에 남아 앙금이 되지 않는 감정이지요. 그래서 올림픽에서 시상대에 오르지 못한 선수들이 판정 등에 서운함을 내비치는 것보다 "아쉬운 마음이 들지만 열심히 했습니다. 다음 올림픽에는 후회가 생기지 않도록 최선을 다하겠습니다."라고 다짐을 하는 것이 멋져 보이는 거랍니다.

지후도 준영이나 다른 친구들에게 서운한 마음이 들지만, 다음에는 미리 내 생일에 뭘 할지 이야기를 하거나 준비하라고 예고를 하는 것은 어떨까요? 그만큼 열심히 친구를 위했으니 그 정도는 친구 사이에 구차한 게 아니라 마땅한 것이죠.

4. 용기는 목소리를 낸다

용기 한 스푼의 힘

재준이는 영우랑 유치원부터 친구이고 한동네에 살고 있어서 친한 사이입니다. 재준이와 영우는 매일 같이 다녔는데, 올해 민식이가 같은 반이 된 다음부터 상황이 바뀌었어요. 왜 그런지 알 수 없지만 민식이랑 친한 패거리들이 영우를 찍어서 괴롭히기 시작한 것이에요. 지나가면서 툭툭 치고, 음료수를 마시고 있으면 병을 툭 쳐서 옷에 다 흘리게 하기 일쑤지요. 영우가 한 번 확 대들어서 싸웠으면 좋겠는데 영우는 그대로 당하고 있었습니다.

오늘도 민식이는 영우를 괴롭혔고, 재준이는 차마 나서지 못했죠. 재준이는 영우를 도와준 지아가 고마웠습니다. 재준이는 '나도 그랬어야 하는데.'라는 마음도 들고, 내가 더 친한 영우인데도 그러지 못했다는 생각이 들었습니다. 그리고 지아가 저렇게 나선 게 조금 이해가 되지 않았어요.

재준이와 지아의 차이는 무엇일까요? 바로 용기입니다. 지아는 용기를 내서 목소리를 낼 수 있었고, 그렇지 못한 재준이는 '나는 비겁하다'라는 감정을 느낄 수밖에 없었어요. 두 가지 다른 감정이 불합리하고 힘든 상황에서 앞으로 나아가게 하기도 하고 그러지 못한 나를 자책하게 만들기도 한 거죠.

용기는 위험하거나 어려운 상황에 직면했을 때 본능적으로 느끼는, 두려움을 조절하는 감정입니다. 여기에는 원인이 되는 대상이나 상황을 해결하려는 의지를 포함하지요. 즉 용감해지기 위해서는 먼저 상황을 파악하는 과정이 있습니다. 그리고 이 상황에서 위험을 감지하는 것이죠.

그런데 아주 쉬운 일이라면 용기를 낼 필요도 없어요. 예를 들어 라면 냄비의 물이 끓어 넘치고 있다면 달려가서 불을 끄거나 줄이면 됩니다. 그런데, 맨홀에 빠져 울고 있는 새끼 고양이를 발견한다면? 고양이를 구하기 위해 깊은 홀 안으로 들어가야 하는데, 이 상황을 해결하다가 자칫 내가 다칠 수 있다면? 이때 필요한 것이 용기 한 스푼입니다.

이렇게 용기는 내가 다칠 수 있고 희생을 할 수 있는 상황에서도 앞으로 나아가게 만들어 주는 동력입니다. 위기를 감지하고 판단을 한 후 행동하게 되는데, 이 판단에 힘을 실어 주는 것이 용기라는 아주 중요한 감정이지요.

허세는 용기와 달라

그에 반해 그 상황에 나서지 못하고 피할 때 느끼는 것이 '비겁하다, 겁난다'는 감정입니다. 자신을 겁쟁이라고 인식하는 것이죠. 위험하고 어렵고 다칠 수 있는 상황에 맞닥뜨리는 것을 어떻게든 피하는 방향으로 반응합니다. 영우가 민식이에게 괴롭히지 말라고 강력하게 맞서지 못하고, 재준이가 친구 영우를 돕기 위해 나서지 못했을 때, 둘의 마음 안에서는 '비겁하다, 겁쟁이다'라는 감정이 떠오를 것입니다.

사실 겁이 난다는 것은 꼭 나쁜 것만은 아닙니다. 그 덕분에 당장의 위험에서는 벗어날 수 있지요. 땅이 울리면 제일 먼저 나무 위로 올라가고, 뭔가 타는 냄새가 나면 재빨리 연기의 진원이 어딘지 보고 불이 나는 반대 방향으로 도망갈 수 있으니까요. 나보다 강한 적에 섣불리 맞섰다가 크게 다칠 수 있으니 빨리 판단해서 도망간다면 그것도 이득이 아니라고는 할 수 없습니다.

반면 그저 자기가 강하다는 것을 보여 주기만 하려고 위험을 무릅쓰는 행동을 하는 경우도 있어요. 친구들에게 내가 얼마나 세고 겁이 없는지 보여 주기 위해 높은 곳에서 뛰어내리는 것, 아주 매운 음식을 먹는 것, 선생님에게 이유 없이 대드는 것 등이 흔한 예입니다. 잘 이야기해 보면 이런 친구들은 실은 속으로는 겁이 많은 경우도 있습니다. 자기가 얼마나 센지 미리 보여 줘서 더 강한 상대가 나를 괴롭히기 위해 다가오지 않게 하려는 전략적 행동인 것이지요. 맹꽁이는 적이 다가오면 공기를 한없이 들이마셔 자기 몸을 부풀립니다. 자기보다 더 큰 상대는 공격하지 않는 일반적인 상황을 이용하는 것이죠.

이와 같이 실은 별 힘이 없으면서 자기 능력보다 더 강한 듯 보이기 위해 위험한 행동을 하거나, 매우 힘이 강한 척 하는 것을 '허세(虛勢)'라고 합니다. 비어 있는 힘이라는 뜻이죠. 맹꽁이가 자기 몸을 공기로 부풀리듯, 허세를 부리는 것은 겉으로는 세 보이지만 실은 실체가 없습니다. 허세를 부리는 것은 속으로는 겁쟁이지만 아주 강한 척을 해서 이 상황을 모면하려는 전략이고 공포에 직면하지 않으려는 방법이거든요. 아주 가끔은 쓸 수 있지만 주요 전략으로 사용하다가 크게 다치는 수가 있어요.

용기는 어디에서 생기는 걸까?

그런데 지아는 싸움을 잘 하는 것도 아닌데 어떻게 민식이에게 영우를 괴롭히지 말라고 나설 수 있었을까요? 겁 세포가 하나도 없는 것일까요? 어떤 상황에 용기를 낼 수 있는 힘은 자존감에서 나옵니다. 자존감이 낮은 사람은 자신의 능력에 자신이 없고, 그래서 나서지 못해요. 그에 반해 자신을 소중히 여기며 자신이 대접받을 사람이고 능력껏 할 수 있다는 믿음이 충분한 사람은 어려운 상황을 만나서 피하지 않습니다.

한 연구에 의하면, 친구들을 괴롭히는 다른 친구를 말리고 중재할 수 있는 것은 또래 중에서 인기가 있고 존재감이 남다른 친구들이었다고 합니다. 실은 따돌림은 개인의 성향도 중요하지만 집단에서의 자리싸움과 관련이 있습니다. 자신이 강하고, 사다리 위에 있음을 확인하고, 자기 자리를 넘보지 못하게 하려고 약한 친구를 따돌립니다. 이때 이를 제지하는 역할을 하는 것이 바로 5퍼센트의 최상위층입니다.

자존감이 뒷받침되면 피해자나 희생자라고 여겨지는 사람을 돕고 괴롭히는 사람을 중재하는 역할을 기꺼이 하게 됩니다. 그리고 그로 인해 일어나는 충돌을 감내하지요. 그런다고 해서 자기 위치가 흔들리지 않는다는 것을 잘 알고 있거든요. 이때 평소의 자존감이 두려움이나 망설임에서 자신을 보호해 주는 기능을 합니다.

자존감과 용기는 이렇게 서로 연결이 되어 있습니다. 나는 좋은 자질을 가지고 있고 나는 나를 믿으며 나는 내게 주어진 일을 잘 해낼 것이라는 믿음을 갖고 있는 사람은 자존감을 잘 이용해 용기를 냅니다. 지아는 별로 친하지 않던 영우를 위해 자신의 자존감을 잘 이용했어요. 지아 같은 친구 덕분에 평화는 유지되고 괴롭힘을 당하는 친구들이 보호받을 수 있습니다. 지아라고 겁이 나지 않았을까요? 지아도 속으로는 겁이 났을 거예요. 그럼에도 불구하고 이건 아니라는 판단에 움직인 것이죠.

마크 트웨인이라는 미국의 문학가가 "용기는 두려움에 저항하고 두려움을 극복하는 것이지 두려움이 없는 것이 아니다."라고 말했듯이 용기는 두려움이 없는 것이 아닙니다. 두렵지만 뭔가 해야 할 때, 장벽을 뛰어넘을 수 있는 디딤돌이 되어 주는 게 용기입니다.

한편 용기를 담아 목소리를 내고 행동을 하면 자존감이 올라갑니다. 비록 용기를 냈다가 손해를 보거나 아프게 되더라도 말이죠. 내가 한 판단이 옳았고 비록 내가 피해도 보았지만 그로 인해 나와 내 주변이 안전해졌다면 그것으로 충분히 가치가 있다고 믿는다면 자존감은 올라갑니다. 그러니 용기를 낼까 말까 주저하다가 나의 비겁함을 탓만 하지 말고요. 자존감에서 솟아나는 용기가 지시하는 판단의 소리에 귀를 기울여 보면 좋겠습니다.

5. 인싸도 외롭다

나는 친구들 사이에서 '인싸'로 통한다.

친구도 많고 선생님들도 날 모두 잘 알고, 동아리 활동도 여러 개. 혼자 있을 틈이 없다.

잘 가, 수현아!

응, 내일 봐!

바이 바이!

내일 봐!

게다가 언니가 둘,
집에서도 늘 가족들로 시끌벅적하다.

아하하

진짜?

하하

끼익

언니,
잠깐 시간 있어?

응, 왜? 배고파?

아니, 이상한 느낌이 들어서…….

뭔데?

뭐랄까, 방에 혼자 있는데 싸한 기분이 들고, 친구들하고 같이 있어도 겉도는 기분이야.

같이 있어도 혼자 있는 것 같고, 실제로 혼자 있으면 그건 더 싫고

그래서 하릴없이 SNS라도 확인하고…….

외롭나? 남친 필요한 거 아냐?

이게 외로움이야? 그런데 난 친구도 많고 언니들도 있는데 내가 왜 외로움을 느끼는 거지?

주변에 사람이 많다고 외롭지 않은 건 아니야.

군중 속의 고독

수현이처럼 인기가 있는 친구들도 외로움을 느낄 수 있습니다. 외로움은 외톨이나 왕따만 느끼는 게 아니에요. 외로움은 혼자 있음을 느끼고 누군가 같이 있기를 원할 때 본능적으로 느껴지는 감정입니다. 수현이는 대부분의 시간에 사람들과 함께해요. 외로움을 느낄 필요가 없어 보이죠. 마치 더운 나라에 사는 사람은 추위를 느낄 기회가 별로 없는 것처럼요.

그런데 더운 나라에서는 영상 3도 정도의 갑작스러운 추위에 길거리에서 동사하는 사람이 나온다고 해요. 언제나 더운 날씨에 익숙한 채 지내기 때문에 한국에서라면 추위라고 말하기도 힘든 기온인데도 체온이 빨리 적응하지 못해서 위험한 상태가 되는 거죠. 외로움도 마찬가지입니다. 평소에 얼마나 많은 사람들과 얼마나 깊게 관계를 맺었는지에 따라 다르게 느껴지지요. 어떨 때는 수현이처럼 많은 사람들에 둘러싸여도 외로움을 느끼고, 어떨 때는 한두 명의 친구와도 깊은 교감을 나누고 충만한 느낌이 들기도 하지요. 외로움은 그런 점에서 상대적 감정이지요.

엄마 대신 친구

외로움은 다른 사람과 연결되어 있고 싶다는 아주 기본적인 욕구가 충분히 만족되지 못했다고 느끼는 정서적 반응입니다. 인간은 태어나기 전부터 사람과 연결되어 있죠. 바로 엄마의 자궁 안에 들어 있을 때부터요. 이때에는 탯줄로 엄마와 직렬로 연결되어 있어요. 24시간 단 한순간도 떨어지지 않은 채 열 달을 보내지요. 그러다가 덜컥 밖으로 나오고 탯줄이 강제로 잘립니다. 이때부터 혼자 살아야 하죠. 그렇지만 아기는 너무나 나약한 존재잖아요. 그래서 엄마를 애타게 찾습니다. 배가 고파서 울고, 추워서 웁니다. 이때 엄마가 바로 와서 안아 주고 먹을 것을 주고 이불을 덮어 주면 마음이 편안해지고 안심이 됩니다. 이것이 우리의 관계의 시작입니다.

엄마와 내가 영원히 붙어서 지낼 수는 없어요. 걸음마를 시작하고, 몇 년 후 학교를 다니면서 엄마와 떨어져 지내는 시간도 점점 늘어납니다. 처음에는 무섭지만 친구를 사귀고 세상을 구경하는 즐거움이 두려움을 덮어 주기에 충분합니다.

이제 십 대가 되고 친구가 더욱 중요해지기 시작합니다. 점차 엄마와 아빠가 만들어 준 가족의 울타리에서 벗어나 더 넓은 세상을 구경하고 싶은 마음이 커져요. 이때 혼자는 무섭고 겁이 나요. 누가 함께해 주면 좋겠다는 생각이 당연히 들지요. 이왕이면 비슷한 목표를 가진 사람이면 더욱 좋고요. 그게 누굴까요? 바로 친구입니다.

십 대에 친구가 더욱 소중해지는 것은 그래서죠. 해리 포터는 론과 헤르미온느와 언제나 함께 다니잖아요. 포켓몬에서도 여러 명의 친구가 함께 모험을 하고요. 이렇게 친구와 함께 이 시기를 지내면서 평생 같이할 우정이 생깁니다. 친구들 집단이 중요하고 여기에 속해 있는 것이 그 무엇보다 중요한 일이 돼요. 그렇기에 혼자 있게 되었을 때 느끼는 감정을 더 민감하게 경험하는 것이죠. 이때 느끼는 감정이 바로 외로움입니다.

깊고 친밀하게, 양보다 질

인기가 있고 활발한 성격의 친구도 외로움을 느낍니다. 주위에 사람이 많다고 무조건 외로움의 철벽 방어벽이 쳐지는 게 아니거든요. 이제 깊이가 필요합니다. 정서적으로 충분히 마음과 마음이 연결되어 있다는 꽉 찬 느낌까지도 원하죠. 그냥 떠들고 재미있게 지내는 것만이 아니라 뭔가 깊은 감정이 오고가는 그런 기분을 경험하고 싶은 거예요. 그 다음 단계의 관계의 친밀함에 대한 욕구가 서서히 올라오기 시작합니다. 그게 정상적인 마음의 발달 과정이에요. 수현이가 느끼는 외로움은 그래서 더욱 상대적입니다.

　사람들 사이에서 시끌벅적하게 있다가 느끼는 혼자 있음이 더욱 낯설고요. 여기에 이제는 표피적인 관계보다 깊은 감정이 오고가고 유대를 원하는 마음이 합쳐지지요. 원래 이런 감정의 첫 시작이 엄마 배 속에서 탯줄로 연결되어서 경험한 아주 소중한 일대일 관계였으니 그걸 다시 세상에서 만나고 싶어지는 건 당연합니다. 그래서 이 시기가 지나면 대여섯 명이 몰려다니는 친구들 모임이 조금씩 크기가 줄어들어요. 아주 친한 친구 한두 명과 깊은 이야기를 하고, 남에게 말할 수 없는 비밀을 나누는 사이가 되지요. 일부의 친구들은 이성을 만나고 처음으로 연애를 하기도 해요. 연애야말로 두 사람이 다른 누구보다 가깝게 좋은 감정을 나누는 일이니까요.

외로울 땐 밖으로 나가자

정리해서 생각해 볼게요. 인기 있는 친구도 외로움을 느낍니다. 이건 상대적인 감정이기 때문이에요. 외로움을 더 잘 느끼는 사람은 그러니까 혼자 있는 걸 잘 못하는 사람입니다. 십 대 청소년기에는 특히 친구 관계가 중요하기 때문에 외로움에 예민해질 수밖에 없어요.

자, 여기서 한 번 더 생각해 보았으면 합니다. 외로움이라는 감정의 목표는 무엇일까요? 이것도 썩 불편한 감정인데 왜 우리 마음 안에 존재하는 것일까요? 외로움은 누군가를 찾고 누가 같이 있기를 원하는 마음이 증가하도록 합니다. 감정이란 우리의 행동의 방향을 결정하는 나침반 같은 역할을 하지요. 외로움을 느끼는 것은 누군가 만나러 가게 합니다. 추우면 불을 쬐러 난롯가로 모이고, 더우면 시원한 바람이 부는 곳이나 그늘을 찾아가는 것처럼요.

그러니 이 혼자 있는 듯한 기분, 외로움을 아주 무서워하고 불편해하지 말자고요. 이런 감정을 느끼고 있으면 전보다 적극적인 태도를 가질 수 있을 거예요. 별로 친하지 않던 친구가 놀러 가자고 제안을 하면 예전 같으면 거절했을 텐데 외롭다고 느낄 때에는 선뜻 응할 수 있지요. 그렇게 친구가 생기는 것입니다.

외롭다 외롭다 노래를 부르면서 누가 불러도 만나러 가지 않는 것은 자동차 시동을 켠 채 기어를 중립에 놓고 있는 것과 같아요. 그렇게 있으면 절대 외로움은 해소되지 않지요. 외로움은 친구를 향하는 마음을 전진 기어로 바꾸라는 신호입니다. 혼자보다 누군가와 함께할 때가 든든하고 기분도 좋아져요. 그러면서 좋은 친구를 한 명씩 더 늘려 가게 됩니다. 그 시작점이 바로 외로움이에요. 꽤 고마운 감정입니다.

6. 너를 미워하는 내가 싫어

다 미워

방으로 들어온 예린이는 눈물이 핑 돌았습니다. 1남 1녀 중 장녀인 예린이는 종종 자기는 주워 온 게 아닐까 생각할 정도 예요. 그 정도로 엄마는 동생을 싸고돕니다. 고깃집에서 엄마는 동생이 욕심내서 고기를 몇 점씩 가져다 밥그릇 위에 놓으면 먹성 좋다고 하지만, 예린이가 좀 빨리 먹으면 살찌는 거 걱정하라는 잔소리를 하지요. 예린이는 모두에게 미운 감정이 들 뿐이에요. 이불에 파묻혀 펑펑 울고 싶어요. 그래야 후련할 거 같았지만 이상하게 눈물이 하나도 나지 않았습니다. 그냥 엄마도 동생도 모두 다 사라져 버렸으면 할 뿐이에요.

지금 예린이가 느끼는 감정은 '미움'입니다. 동생도, 엄마도 미워요. 누구를 미워한다는 감정은 아주 약하게는 '좋아하지 않는다' 정도부터 시작해서 아주 강하게는 '혐오'까지 범위가 꽤 넓습니다. 일단 미운 감정이 생기면 멀리하고 싶거나, 강하게 반발하거나 공격하고 싶어지지요. 누구도 미운 사람과 같이 있고 싶지 않습니다. 거리를 둬서 나를 자극하지 않게 하거나, 강한 반격을 해서 다시는 내 기분을 나쁘게 하지 못하게 만들어 버리고 싶지요.

누구도 미움을 안고 살고 싶어 하지 않습니다. 하지만 언제나 어디서든 미운 마음은 불쑥불쑥 떠올라서 내 마음을 흐트러뜨리고는 해요. 이렇게 싫은 감정이지만 태어나서 지금까지 누구도 미워한 적이 없는 사람은 없습니다. 왜냐고요? 미움은 자연스럽게 발생하는, 피할 수 없는 감정의 하나이기 때문입니다. 왜 그럴까요?

미움의 첫 대상

엄마의 배 속에 있을 때를 상상해 봅시다. 이 시기에 나는 온전히 엄마를 독점하고 있었죠. 엄마와 탯줄로 연결돼 배가 고플 필요도 없고 따뜻하고 안전하게 보호를 받습니다. 엄마의 사랑을 받기만 하면 돼요. 열 달 후 세상으로 나오면 처음에는 여전히 엄마와 하나라고 여깁니다. 그런데 세상이 그런 곳은 아니라는 걸 깨닫는 데 오랜 시간이 걸리지 않지요. 배가 고프면 울어야 합니다. 한참을 울다 보면 그제야 엄마가 먹을 것을 줍니다. 자다가 깨서 무서워서 울지만 아무도 와 주지 않으면 겁이 나고요. 엄마가 와서 달래 줘야 겨우 안정이 돼요. 왜 이전과 달리 바로 오지 않는지 그 사람이 미워지기 시작합니다.

돌이 지나 걷게 되면 궁금한 게 많아서 이것저것 찔러 보고 만져 보는데 그럴 때마다 엄마가 하지 말라고 해요. 두세 살이 되니 오줌은 아무 곳에서나 아무 때나 봐서는 안 된다면서 화장실에 가서 보라고 하고요. 밤에 자다가 이불에 쉬를 하면 부끄러운 일이라고 합니다. 왜 이래야 하는 것인지 이해하기 어렵고, 하고 싶은 걸 마음대로 하지 못하게 하는 사람이 미워집니다. 내 맘대로 하지 못하게 하는, 그리고 내가 원하는 걸 바로 들어 주지 않는 사람에 대한 부정적 감정이 바로 미움의 시작이에요.

그러니 미움에는 엄마, 그리고 사랑이 함께한다는 걸 알 수 있습니다. 처음에는 사랑이 있다가, 자라면서 안전과 발달을 위해 "안 돼."라는 말을 듣다 보니 어쩔 수 없이 미움이 생기지요. 그리고 그 첫 대상은 엄마입니다. 엄마는 또한 사랑의 원천이자 첫 시작이기도 했어요. 순서를 따져 보자면 사랑이 먼저이기는 하지요. 그래서 어떻게든 이 미움을 줄이고 싶고, 온전히 사랑으로 가득한 대상을 되찾고 싶어집니다. 미운 감정을 느끼게 하는 그 사람이 싫어지지요. 그래서 아기일 때

"엄마 미워!" 하고 울고불고 떼를 쓰는 것은 우리 엄마가 이런 식으로 나를 대할 리가 없다고 믿고 싶기 때문입니다. 좀 지나서 눈물이 마르고 나면, 다시 엄마에게 폭 안겨서 "엄마, 좋아. 사랑해요."라고 말하며 기분 좋게 잠들 수 있는 것도 좋아하는 엄마를 되찾았다고 여기고 싶은 마음이 환상을 만들어 내는 것이고요. 이렇게라도 해서 나를 무한히 좋아하고 사랑해 주는 엄마를 보호하고 싶은 마음이 듭니다. 이와 같이 우리 마음 안에서 사랑과 미움은 언제나 함께하고 있는 것이고 꽤 나이를 먹은 다음에야 비로소 엄마를 사랑하기도 하고 미워하기도 한다는 걸 받아들이죠. 그래서 누군가를 좋아하는 마음이 큰 만큼 실망하고 난 다음에는 더 강한 미운 감정이 드는 것입니다.

극단적인 미움, 혐오

자, 여기서 조금만 더 나아가 볼게요. 요새 '혐오'라는 말을 많이 쓰잖아요. '극혐'이라는 말을 하기도 하고요. 미움에서 아주 극단적으로 멀리 간 감정이 혐오입니다.

싫은 정도가 꽤 강해서 다른 의견이 들어온다고 해도 설득이 안 되고 그냥 빨리 그 자리에서 벗어나거나 거리를 두고 싶은 마음만 강해지는 상태가 혐오의 감정이에요. 근처에 있으면 내가 위험해질지도 모른다는 생각이 들기도 합니다.

실제로 울렁거리거나 토할 것만 같은 느낌이 들기도 해요. 울고 싶을 때는 눈물이 찔끔 나고, 화가 나면 가슴이 벌렁벌렁하듯이 혐오 또한 본능적인 감정 반응에서 온 것이기 때문이지요. 이 감정은 이성적인 추론의 결과라기보다, 그냥 몸이 먼저 반응하는 것입니다. 몸에 썩 좋지 않은 음식, 예를 들어 독이 든 버섯이라든지 상한 음식을 모르고 먹었을 때, 위장이 먼저 반응해 토해 버리는 것과 비슷합니다. 혐오라는 감정 반응은 여기서 시작한 것입니다.

그런데 이 혐오감이 확대되어 나에게 특별히 해가 되는 경우가 아님에도 특정 사람이나 상황에 대해서 느끼게 되는 경우가 있습니다. 이유는 모르겠지만 일단 싫고, 멀리하고 싶고, 몸에서 반응하니 역한 기분이 들고, 멀리서 비슷한 모습만 봐도 기분이 나빠집니다.

이런 맥락에서의 '혐오'는 개인과 개인 사이보다 집단에서 사회적인 관계에서 많이 사용되는 말입니다. 보수적인 사람들이 동성애자를 혐오하는 것, 일본 사람들이 재일 한국인을 차별하고 혐오하는 것, 일부 기독교인들이 이슬람 교인을 혐오하는 것, 유럽에서 난민을 캠프에 격리시키고 이주민을 멀리하는 것처럼요. 이러한 혐오의 감정은 집단적으로 한 번 발생하면 쉽게 가라앉지 않고 이성적으로 설명해도 설득이 안돼요. 혐오의 힘이 그만큼 강하고 뿌리가 아주 깊은 것이죠. 그리고 이러한 혐오의 감정은 특정 집단을 사회에서 배제시키고 사회의 통합을 막습니다. 그렇기에 혐오라는 감정이 집단적으로 형성되지 않도록 하는 것이 무척 중요합니다.

미운 사람 떡 하나 더 주기

우리는 누군가를 좋아하기를 바라지요. 또 상대도 나를 좋아하기를 바랍니다. 하지만 항상 좋아하는 감정만 경험할 수는 없습니다. 미움의 감정은 아주 어릴 때부터 자라면서 자연스럽게 경험한 감정이니까요. 또 누구를 미워하면 오직 밉게만 보이고 그 사람이 하는 모든 행동이 마음에 들지 않죠. 그렇지만 엄마가 좋기도 하고 싫기도 하듯이, 사람은 100퍼센트 순도의 미움만, 또 100퍼센트 순도의 호감만으로 구성된 존재가 아니에요.

누군가가 미워진다면, 그리고 그런 내가 힘겨워진다면, 그보다 조금 더 호감 가는 구석을 찾으려고 해 보면 어떨까요? 그게 상대에 대한 관심입니다. 미움의 진짜 반대말은 사랑이 아니라 무관심이라고 하는 것도 그런 이유에서 하는 말이죠. 그렇게 정(情)이 드는 거예요. 우리 속담에 '미운 정 고운 정'이라는 말이 있는데, 재미있는 것은 정 드는 데 미운 게 앞에 있고 고운 건 뒤에 있다는 거예요. 그만큼 미운 마음이 빨리 정이 드는 데 앞선다는 말이 아닐까요? 그러니 내가 누구를 미워하게 되었다고 해서 나를 못나고 못된 사람이라고 여기지는 말자고요. 살면서 누구나 갖게 되는 감정이고, 또 시간이 지나면 그 감정은 옅어지고 때에 따라 호감이 더 커지기도 할 거니까요.

7. 부러우면 지는 거다

휴······.

시무룩

와, 너 미술 학원 다녔지?
완전 잘 그린다.

아니, 그냥 그리는 건데?

그림 잘 그려서 좋겠다.

차라리 미술 공부한다고 하지. 배운 적도
없는데 어떻게 그렇게 잘 그리냐.

뭘. 해원이 너는 미술 빼고는 다 잘하잖아.
나도 잘 그리는 거 아냐.
제대로 배워 본 적도 없는데.

게다가 겸손하기까지. 부러워.

아, 뭔가 답답해.

사이다 사이다!

어? 은수야! 매점 같이 가자!

아, 해원아, 안녕. 지금은 좀 어려워. 태하랑 선생님 심부름 가야 해서.

하핫.

아하, 응. 알겠어.

행복해라, 이것아.

야~ 김해원!

다들 망해 버렸으면 좋겠어!

내게 없는 것을 갖고 싶어

해원이는 미영이가 그림을 잘 그리는 것이 부럽습니다. 부러움이라는 감정은 내가 가지지 못한 것을 남이 갖고 있다는 걸 깨닫고 나도 그것을 갖고 싶다는 욕망을 느끼는 것이죠. 그게 지나치면 탐욕이라고 하지만, 일단 강력하게 뭔가를 갖고 싶고 내가 그걸 가지고 있지 못한 현실을 깨닫는 것이 부러움이라는 감정의 핵심입니다.

흔히 '부러우면 지는 거다.'라고 말하죠. 그러면서 나는 하나도 부럽지 않다고 주문을 외워요. 그걸 우리는 정신 승리라고 말합니다. 실은 속으로는 매우 부러우면서, 부럽지 않다고 생각하면 정말 그 부러움은 사라지는 걸까요? 그렇지 않은 것이 진실이죠. 지금 부러워하는 것을 보지 않은 채 거리를 두고 눈을 감고 있으면 마음만은 덜 불편하겠죠. 그러나 내가 그걸 갖지 못하고 있다는 현실은 달라지지 않습니다.

그것이 가질 필요가 하나도 없는 것이라면 잠시 거리를 두고 눈을 감고 있는 것이 효과적인 방법일 거예요. 그렇지만 공부, 달리기, 요리 실력 같이 내게도 필요한 것이라면? 필요한 부러움이라면? 그런 부러움을 외면하면 그저 내 마음은 편하겠지만 평안한 마음에 안주할 뿐 발전은 없는 사람이 되고 맙니다. 그런 면에서 부러움에 직면하는 것은 필요할 때가 더 많습니다.

부러움을 이용하자

만약 우리가 세상을 혼자 살아갈 수 있다면 부러움이라는 감정은 존재하지 않겠죠. 이 감정은 남과 비교하는 것이 꼭 먼저 있어야 해요. 이때 내 옆의 사람이 나와 똑같은 상태라면 부러움을 느낄 일이 없겠죠. 그렇지만 옆의 친구가 나와 키와 몸무게가 똑같다고 해도, 나보다 그림을 잘 그릴 수도 있고, 노래를 더 못할 수도 있고, 수학은 더 잘할 수도 있잖아요.

여러 면에서 나보다 잘하는지 못하는지를 비교하게 되는데, 이걸 위를 보는 것과 아래를 보는 것으로 나눠서 생각해 볼게요. 먼저 아래를 내려다보는 것, 즉 나보다 못하는 친구와 비교를 해서 '내가 너보다 이건 잘해.'라며 드는 감정이 '안도감'입니다. 마음이 편해지죠. 이제 고개를 들어 위와 비교해 볼까요? 해원이가 미영이의 그림 실력을 보고 느끼는 감정이 '부러움'입니다.

이때 느끼는 부러움이라는 감정을 잘 이용해야 합니다. 만일 못된 마음만 있다면 그림을 잘 그리는 친구가 경시대회에 나가는 날 문에 찧어서 손가락을 다치기를 빌겠죠? 즉, 내가 갖고 싶지만 갖지 못한 걸 갖고 있는 사람이 그걸 잃게 되기를 간절히 바랍니다. 나쁜 부러움의 첫 번째 표현 방식이죠.

두 번째는 내가 갖고 있는 걸 지나치게 강조하면서 상대를 깎아내리는 것입니다. 예를 들어, 해원이가 미영이의 그림 실력을 부러워하면서 동시에 "미영이 쟤는 하루 종일 그림이나 그릴 거야. 공부는 하나도 하지 않고. 저러다가 나중에 나는 서울대에 다닐 때 쟤는 재수 학원에도 들어가지 못하겠지."라는 식으로 못된 상상을 하는 것 말이에요. 이런 감정은 건강하지 않아요. 그래서 부러움은 나쁜 감정이라고 느끼게 되지요.

그렇다고 부러움을 느낀다고 죄책감을 갖지는 맙시다. 부러운 것도 서러운데 죄책감까지 가지면 정말 억울하잖아요. 부러움은 잘 이용하면 돼요. 잘만 이용하면 좋은 역할을 하거든요. 지지 않기 위해 뭐를 더 열심히 해야 할지 방향과 목적이 세워져요. 즉, 부러움은 나를 자극해요. 그냥 여기에 머물지 말고 무엇을 어떻게 얼마나 해야 할지 일깨워 주지요. 그런 역할을 하는 게 부러움입니다. 만일 부러움을 통해 "나도 미영이처럼 그림을 잘 그리고 싶어. 다시 그림을 열심히 그려 볼까?"라는 동기를 가질 수 있다면 그건 나중에 좋은 결과를 가져올 수도 있을 겁니다.

좋아하니까, 질투가 나

자, 이제 질투로 넘어가 볼게요. 질투는 부러움보다는 조금 복잡해요. 해원이가 은수에게 느끼는 감정은 은수에게 남자친구가 생길 것 같아 부러운 것도 있지만 동시에 은수가 베프인 해원이 본인보다 태하를 선택한 것에 화가 난 것입니다. 만일 해원이라면 아무리 교무실에 가야 해도 태하에게 물건을 다 맡기고 매점에 같이 갔을 텐데……. 해원이는 은수의 마음이 다른 데 가 있는 게 싫었습니다.

앞의 부러움이 두 사람 사이의 비교에서 생긴 것이라면 질투라는 감정에는 3명이 등장합니다. 내가 좋아하는 대상을 세 번째 사람에게 빼앗길까 봐 두려운 것이죠. 그래서 무섭기도 하고 화가 납니다. 질투심이 무서운 것은 사람을 대상으로 하고, 다시 그 사람을 되찾기 위해 무엇이든 하고 싶어지게 한다는 데에 있어요. 그래서 질투를 역시 부정적 감정이라고 여기지요. 하지만 우리가 잊어서는 안 되는 것이 있습니다. 처음에는 나에게서 은수를 멀어지게 한 태하가 밉고, 그다음에는 나보다 태하를 더 좋아하는 은수가 미워지잖아요. 그런데 미움이 생기기 전에 무엇이 있었을까요? 바로 해원이가 은수를 좋아하는 마음이 있었습니다. 애정과 호감이 처음부터 그 바닥에 있었다는 점을 잊어서는 안 돼요.

아주 조금만 더 들어가 볼까요? "너 질투하지 지금?"이라고 물었을 때 "응." 하고 대답하는 사람은 거의 없잖아요. 부럽다는 말은 그래도 쉽게 하는 편인데 말이에요. 질투는 이렇게 누군가를 좋아하기에 나올 수밖에 없는 자연스러운 반응이지만, 내게 해를 끼친 적도 없는 제3자를 미워하는 감정이 함께 부록으로 딸려 옵니다. 그러니 질투를 인정하는 것은 좋아하는 걸 인정하는 것이고, 현재 밀리고 있다는 것 또한 인정하는 셈이 되죠. 그 때문에 질투는 겉으로 선뜻 인정하기 어렵습니다. 한 마디로 '쪽팔리죠'. 진짜 좋아한다면 질투를 해서도 안 되고 그 마음을 드러내서도 안 된다고 다짐해 보지요. 이건 일종의 '인정할 수 없는 열정'이고 때에 따라서는 관계를 파괴할 독약이 되기도 합니다.

　해원이가 지금 느끼는 이 두 가지 감정은 모두 아주 자연스러운 것입니다. 그렇지만 부러움과 질투가 해원이의 마음에서 독이 될지 약이 될지는 이걸 어떻게 이해하고 활용하는지에 달려 있어요. 감정이 느껴진다는 것 자체를 불편해하고 피하려 하거나 아니라고 손사래를 치지 않았으면 합니다. 부러우면 지는 것이 아니라 부러우면 열심히 하면 됩니다. 질투를 한다는 것은 그만큼 저 친구를 좋아하는 내 마음이 감정의 거울에 비추인 것이랍니다.

어릴 때는 중국집에 가면 짜장면이 최고입니다. 달작지근하고 고소한 면을 한가득 입에 넣고 노란 단무지 한 입 베어 물면 더 바랄 것이 없을 듯한 만족감이 스며들죠. 하지만 사람이 짜장면만 매일 먹을 수는 없잖아요. 점점 크면서 볶음밥도 먹게 되고, 짬뽕도 먹게 되고, 유산슬이나 깐풍기처럼 다양한 음식들도 시도해 봅니다. 뷔페에 가면 더 신나지요. 떡볶이도 먹고, 보쌈도 먹고, 쌀국수도 먹고, 마무리로 다양한 디저트까지 섭렵합니다.

지금까지 여러분에게 이야기한 감정의 이름들이 바로 뷔페에 놓인 음식들 같아요. 짜장면만 알던 어린이에서 성장하여 다양한 음식이 펼쳐진 식탁 앞에서 행복한 고민을 시작하는 것이죠.

하지만 아무래도 처음 보는 음식을 선뜻 먹어 보기는 어렵 겠죠? 이때 옆에 있는 사람이 미리 음식에 대한 간단한 설명을 해 주면 아무래도 마음이 편해지면서 새로운 음식에 도전해 볼 작은 용기가 생깁니다. 이 책의 역할이 바로 그것이에요. 청소년기가 되면서 겪는 다양한 감정들에 대해 미리 조금 정보를 얻는 것이지요.

여러분의 감정의 메뉴판이 다양하고 풍요로워지기를 바랍니다. 내 감정의 기억 리스트가 풍요로운 사람은 지금 내 마음 안에서 어떤 물결이 치고 있는지, 또 내 눈앞의 친구의 마음에서 어떤 바람이 불고 있는지 남들보다 쉽고 민감하게 알아차리고 표현할 수 있습니다. 나는 그게 어른이 되어 가는 과정에서 가장 중요한 일 중 하나라고 말하고 싶어요. 성장은 키가 크는 것만이 아니라 마음이 넓어지고 깊어지는 것이 반드시 함께해야 해요.

자전거를 책으로 공부한다고 잘 탈 수 없듯이 감정은 책으로 깨닫기 어렵습니다. 자전거에 직접 올라타서 이리 비틀 저리 비틀 하면서 몇 번 넘어져 봐야 어떻게 균형을 잡고 앞으로 나아갈 수 있는지 또 브레이크를 잡아서 위험을 피할 수 있는지 알 수 있지요. 감정도 똑같아요. 마음 안에서 느껴 보고 사람과 부딪혀 보고 서로 섞고 주고받아 봐야 "이게 그거구나."라고 알 수 있어요. 감정에 대한 이해와 표현이 그제야 진짜 늘어나지요. 이런 경험을 십 대부터 게으르지 않게 해야 합니다.

그런데 우리 사회는 공부를 너무 중요하게 여기면서 이성을 연마하는 데에만 치중합니다. 그러다 보니 감정이 뒷전으로 밀리고 이성만 비대해진 어른이 되는 경우가 많아요. 심지어 감정을 어떻게 다뤄야 할지 몰라 감정이 자신을 뒤덮어 버릴까 무서워하는 사람도 있을 정도지요. 어느 때부터는 감정을 보려 하지 않고 억누르기만 하는 사람도 생깁니다. 제가 제일 안타까울 때가 그렇게 어른이 되어 버린 사람을 만날 때입니다. 배운 것도 많고 좋은 학교를 나왔고 직업도 좋은데, 감정에 너무나 서투르고 표현도 제대로 할 줄 모르죠. 친구도 잘 사귀지 못하고, 일을 하면서 갈등이 많고, 사랑을 하는 데 어려움이 많아요. 그걸 자꾸 왜 그런지 설명을 하려고만 할 뿐, 감정이 서툴러서 그렇다는 걸 인정하지 못합니다. 저는 그런 사람들을 볼 때마다 일찍 감정 연습을 했다면 좋았을 텐데 하는 아쉬운 마음이 들고는 했습니다.

여러분은 자신의 마음에 느껴지는 수많은 감정들을 잘 들여다보고 컨트롤하면서 살기를 바랍니다. 낯설게 훅 들어와 버리는 감정을 무서워하지 않기를, 모든 걸 이성으로 설명하려 하지 않기를, 느껴지는 감정을 애써 억누르거나 피하려 하지 않기를 바랍니다. 이왕이면 감정의 메뉴를 늘려 보고 새로운 감정에 열린 기회를 줄 수 있기를요. 책장을 덮고 오늘부터 하나씩 감정 연습을 시작해 봅시다. 여러분의 감정이 뷔페에 펼쳐진 음식의 가짓수만큼 다채로워지는 것을 목표로 해보자고요. 어느새 멋진 어른이 되어 있을 것입니다.